LIBRI MË I MË I MIRE I GATIMEVE ME GUMMY SHTËPI

100 receta shumëngjyrëshe, argëtuese dhe super të shijshme për t'i bërë lehtësisht në shtëpi

Brikena Osmani

© TË DREJTAT E AUTORIT 2022 TË GJITHA TË DREJTAT E REZERVUARA

Ky dokument synon të sigurojë informacion të saktë dhe të besueshëm në lidhje me temën dhe çështjen e mbuluar. Publikimi shitet me idenë se botuesit nuk i kërkohet të ofrojë shërbime kontabël, të lejuara zyrtarisht ose të kualifikuara ndryshe. Nëse këshilla është e nevojshme, ligjore apo profesionale, duhet të urdhërohet një individ i ushtruar në këtë profesion.

Në asnjë mënyrë nuk është e ligjshme riprodhimi, kopjimi ose transmetimi i ndonjë pjese të këtij dokumenti qoftë në mjete elektronike apo në format të printuar. Regjistrimi i këtij publikimi është rreptësisht i ndaluar dhe çdo ruajtje e këtij dokumenti nuk lejohet përveç nëse me leje me shkrim nga botuesi. Të gjitha të drejtat e rezervuara.

Paralajmërim Mohim përgjegjësie, informacioni në këtë libër është i vërtetë dhe i plotë sipas njohurive tona. I gjithë rekomandimi është bërë pa garanci nga ana e autorit ose botimit të tregimit. Autori dhe botuesi mohojnë dhe përgjegjësinë në lidhje me përdorimin e këtij informacioni

Tabela e Përmbajtjes

HYRJE 10

RECETA për karamele 11

   1. Topa me biskota me banane 11

   2. Top biskota pa pjekje 13

   3. Karamele të papërpunuara me hurma 14

   4. Ëmbëlsirat vegane me hurma dhe arra shqeme
.... 16

   5. Topa çokollate me biskota 18

   6. Karamele të bëra vetë me biskota 20

   7. Karamele të shëndetshme me hurma dhe arra
.... 21

   8. Karamele Ferrero të bëra në shtëpi 23

   9. Topa biskotash me arrë kokosi 25

   10. Karamele çokollatë me hurma 27

   11. Topa proteinash me gjalpë kikiriku 28

   12. Karamele të papërpunuara me banane dhe
hurma 29

13. Bomba pa dhjamë me hurma dhe arra 31

14. Karamele biskota me qumësht të kondensuar 33

15. Karamele të papërpunuara me hurma dhe portokall 35

16. Ëmbëlsirat me biskota 36

17. Topa me biskota 37

18. Biskota pule 39

19. Tartufi keto me avokado dhe çokollatë 41

20. Topa me hurma dhe boronica 43

KËMBLETA PËR FËMIJË 44

21. Karamele me biskota Nutella 44

22. Karamele pelte per femije 46

23. Biskota me çokollatë, arra dhe kokos 48

24. Karamele pelte te lehta nga komposto 50

25. Topa çokollate me karota 52

26. Karamele pelte të bëra nga lëngu i rrushit . 54

27. Topa biskotash me qumësht të kondensuar dhe çokollatë 56

28. Karamele me mjaltë dhe susam 58

29. Gjelbakë me çokollatë të bërë në shtëpi 59

30. Qershi me çokollatë 61
31. Kifle me pelte luleshtrydhe 63
32. Karamele me kungull 66
33. Pika biskota dhe gjel sheqeri 68
34. Topa biskotash me kanellë 70
35. Topa çokollatë me gjizë dhe arra 72
36. Karamele pelte luleshtrydhe 74
37. Karamele banane me çokollatë 76
38. Karamele ruse me gjizë 77
39. Bomba të dobishme të kokosit 79
40. Karamele 81

Karamele të SHËNDETSHME 82

41. Çokollata të shëndetshme 82
42. Festa me bajame me çokollatë 84
43. Karamele të shëndetshme të bëra në shtëpi me gështenja 86
44. Karamele të shëndetshme me hurma dhe arra 88
45. Topa me proteina kakao 90
46. Topat e proteinave të kokosit 91
47. Pika të thjeshta proteinash 92

48. Energjia e 94

49. Karamele proteinike me hurma 96

50. Ëmbëlsirat proteinike me gjizë dhe arrë kokosi të tharë 98

51. Karamele me bajame krunch 100

52. Ëmbëlsirat me çokollatë të bardhë dhe bajame 101

53. Çokollata me mbushje 103

54. Karamele çokollate me hurma 105

55. Pulat me karamele kungull 106

56. Çokollata me shije bajame 108

57. Karamele me kikirikë të papërpunuar me gjizë 110

58. Karamele shtëpi me tre përbërës 112

59. Karamele të shijshme pa sheqer 114

60. Hurma të papërpunuara dhe ëmbëlsira me banane 116

BABOMESET PROTEINALE ...... Error! Bookmark not defined.

61. Topa me proteina kakao 118

62. Topat e proteinave të kokosit 119

63. Topat e proteinave të bajames 120

64. Topa të proteinave të kokosit 121

65. Pika të thjeshta proteinash 122

66. Karamele të lehta proteinike 124

67. Karamele proteinike me hurma 126

68. Ëmbëlsirat proteinike me tërshërë 128

69. Karamele proteinike shtëpiake me arra 130

70. Ëmbëlsirat me proteina të kokosit dhe bananes 132

Karamele të papërpunuara 134

71. Karamele të papërpunuara për diabetikët . 134

72. Karamele të papërpunuara me banane dhe hurma 136

73. Karamele të papërpunuara me banane dhe hurma 138

74. Karamele me fruta të papërpunuara 139

75. Topa të ëmbla të papërpunuara me vaj kokosi dhe arra 141

76. Karamele me kikirikë të papërpunuar me gjizë 143

77. Tartufi festiv i papërpunuar vegan 145

78. Hurma të papërpunuara dhe ëmbëlsira me banane 147

79. Karamele me energji të papërpunuar me tahini 148

80. Karamele të papërpunuara me hurma dhe tahini susam 150

81. Ëmbëlsirat hurma të bëra në shtëpi dhe arra të papërpunuara 153

82. Çokollatë e papërpunuar me gjalpë kokosi   155

83. Karamele të papërpunuara me dardha të thata dhe kanellë 157

84. Karamele karrota të papërpunuara 158

85. Karamele të papërpunuara vegane me fara liri 159

86. Topa çokollatë të papërpunuara me arra dhe hurma 161

87. Karamele të papërpunuara me kakao 162

88. Çokollata të papërpunuara 164

89. Ëmbëlsirat e papërpunuara vegane 166

90. Karamele të papërpunuara vegane me manaferrat goji 168

91. Çokollata të papërpunuara me kokos dhe fara susami 170

Karamele PA SHEQER 172

92. Ëmbëlsirat vegane me hurma dhe qull 172

93. Bamele të shëndetshme të bëra vetë me gështenja 174

94. Festa me bajame me çokollatë 176

95. Karamele të papërpunuara për diabetikët   178

96. Topa kokosi me çokollatë 180

97. Karamele me çokollatë me kikirikë 182

98. Tartufi çokollatë me shije rumi 184

99. Karamele portokalli me kokos 186

100. Donuts çokollatë me perla probiotike 187

KONKLUZION 189

PREZANTIMI

Kush thotë se duhet të prisni pushimet për të përgatitur apo ngrënë karamele tuaj të preferuar? Nuk jam i sigurt për ju, por duket se është një kohë e gjatë për të pritur diçka që po prisni. Pra, pse të presim? Kujt i intereson? Bëni receta karamele sa herë të dëshironi.

Një tjetër kohë e mirë për të bërë karamele është dita e Shën Valentinit. Në vend që të dilni dhe të blini një kuti me çokollata. Bëni disa topa gjalpi kikiriku të mbuluar me çokollatë dhe përdorni pelena të bardha dhe zemra të kuqe për të dekoruar një kuti të thjeshtë kafe ose të bardhë. Më pas, për të përfunduar, lidheni me rafia ose fjongo të kuqe. Kjo është shumë më e veçantë dhe më domethënëse për mua sesa të dal jashtë dhe të blej një kuti, sepse ata e krijuan vetë. Sa dhuratë e mrekullueshme për të marrë nga një i dashur!!!

Ju mund të krijoni kujtime nga festat me fëmijët tuaj sa herë që dëshironi. Nëse keni një kohë të veçantë që dëshironi të kaloni me ta gjatë festave, sigurohuni që ta vazhdoni këtë traditë. Kjo do të jetë gjithmonë një kohë e veçantë për ju të dy për ta kujtuar!

RECETA KËMBLETARE

1. Topthat e biskotave me banane

Produktet e nevojshme

- biskota - 600 g
- banane - 4 copë.
- sheqer pluhur - 100 g
- shkopinj çokollate
- ashkël kokosi
- çokollatë e bardhë - sipas dëshirës

Përgatitja

1. Bananet janë bërë pure mirë. Biskotat (une personalisht perdor dy pako vanilje dhe dy pako kakao) grihen mire ne blender dhe i shtohen bananeve te grira. Shtohet edhe sheqer pluhur. Përziejini mirë masën dhe gatuajeni (si brumë).
2. Formoni topa në madhësinë e një arre dhe rrotulloni në shkopinj me ngjyra, copa çokollate, çokollatë të bardhë të grimcuar, kroketa kikiriku, kokos - sipas dëshirës tuaj.
3. Bëhen shumë mbresëlënëse nëse zbukurohen me zemra sheqeri. Brumi është ngjitës dhe do të ngjitet mirë.
4. Topthat e formës lihen në frigorifer të forcohen.

2. Top biskota pa pjekje

Produktet e kërkuara

- Biskota-Çaj 300g
- Kakao-2 lugë gjelle.
- Mjaltë - 1 lugë gjelle.
- Sheqer - 2 lugë gjelle.
- Ujë - 1/2 lugë çaji.
- Arra - 1 lugë çaji. E grimcuar

Mënyra e përgatitjes

1. Në ujë shtoni sheqerin, kakaon dhe mjaltin, shtoni biskotat e grira mirë dhe përziejini mirë.
2. Formoni brumin në karamele të vogla dhe rrotullojeni me arra të bluara ose, nëse është e nevojshme, me kokos të tharë.

3. Ftoheni për 1-2 orë.

3. Karamele të papërpunuara me hurma

Produktet e kërkuara

- Arra - 100 g
- Lajthi - 50 g
- Hurmat - një grusht (rreth 15 njësi)
- Mjaltë - 2 lugë gjelle.
- Kokos - të rrokulliset
- Kakao - e përzier me pak kanellë (për tu rrotulluar)

Mënyra e Përgatitjes

1. Grini arrat së bashku me lajthitë në një procesor ushqimi ose blender. Është e

rëndësishme të siguroheni që ato të mos shtypen shumë imët, pasi kjo e bën të vështirë formimin e topave.
2. I nxjerrim arrat ne nje ene. Më pas grijmë hurmat nga të cilat kemi hequr më parë gurët. Shtoni mjaltin dhe goditni përsëri robotin. Shtojmë arra.
3. Mund t'i gatuani edhe me dorë derisa të përftohet një masë, të cilën do t'i japim formë toptha. Përziejini në copa kokosi ose kakao me pak kanellë dhe ovalizojeni.
4. Ëmbëlsirat janë të shijshme dhe shumë të shëndetshme.

4. Ëmbëlsirat vegane me hurma dhe arra shqeme

Produktet e nevojshme

- Hurmat - 150 g, mund të zhyten në ujë të nxehtë
- Qull - 50 g, i fortë
- Bajame - 50 g, të papërpunuara
- Miell karobi - 4 lugë gjelle.
- Vaj kokosi - 4 lugë.
- Stevia - për shije, ndoshta pa
- Kokosi i tharë - 2 lugë gjelle.
- Kokosi i tharë - 4 lugë gjelle. të rrokulliset

Mënyra e Përgatitjes

1. Në një procesor ushqimi, fillimisht grini arrat, më pas shtoni përbërësit e tjerë - hurmat, gjalpin, tallashin, miellin e karobit.
2. Stevia mund të shtohet nëse dëshironi.
3. Masa është e trashë dhe ngjitëse, formohen topa, karamele vegane rrotullohen në arrë kokosi të tharë.
4. Kthejeni në frigorifer për të vendosur.
5. Karamelet vegane me hurma dhe arra shqeme janë vërtet të shijshme.

5. Topa çokollate me biskota

Produktet e nevojshme

- biskota - 300 g
- arra - 100 g
- vaj - 100 g
- kakao - 4 pl
- çokollatë - 100 gram
- qumësht i freskët - 150 ml
- vanilje - 1/2 pako
- copa kokosi - 40 g

Mënyra e Përgatitjes

1. Merrni një tenxhere të vogël dhe derdhni qumështin. E vendosim në sobë dhe kur të

nxehet shtojmë gjalpin dhe kakaon dhe i trazojmë derisa të bashkohen mirë.
2. Më pas thyejmë çokollatën dhe e shtojmë dhe e përziejmë derisa të tretet plotësisht. Pasi çokollata të jetë tretur mirë, lëreni përzierjen të ftohet.
3. Marrim biskotat dhe i thyejmë në copa shumë të vogla dhe i shtojmë në masën e çokollatës. Përzierjes i shtoni arrat e shtypura dhe vaniljen.
4. Përziejini mirë dhe filloni të formoni toptha, të cilët i rrotulloni në copat e kokosit dhe i rregulloni në një pjatë ose tepsi dhe i lini në frigorifer të forcohen.

6. Karamele të bëra vetë me biskota

Produktet e nevojshme

- biskota - 1 pako Everest me kakao/qumësht,
- çokollatë - 1 kafe me arra / e bardhë me kokos,
- qumësht i freskët - 300 - 350 ml.
- gjalpë

Mënyra e Përgatitjes

1. Thërrmoni mirë biskotat. Shkrini çokollatën (e zezë me arra ose e bardhë me kokos) në një banjë uji me pak gjalpë. Më pas shtoni rreth 150 ml. qumësht.
2. Masën ia shtojmë biskotave, e përziejmë mirë, formojmë toptha dhe i kalojmë në kakao/kokos.

3. Duhet të qëndrojnë në frigorifer për të paktën 2 orë.

7. Karamele të shëndetshme me hurma dhe arra

Produktet e nevojshme

- Hurmat - 1 kuti natyrale
- Arra - 500 g të thyera
- Lëkura e limonit
- Lëkurë portokalli
- Kakao - sigurisht 1 lugë gjelle
- Kokosi i tharë - 150 g

Mënyra e Përgatitjes

1. Hurmat natyrale pastrohen nga gurët dhe derdhen në përpunuesin e ushqimit. Shtoni arrat e thyera. Grini në një përzierje homogjene.
2. Përzierja që rezulton ndahet në pesë pjesë të barabarta dhe vendoset në enë. Lëkura e limonit në një rende.
3. E trazojmë me dorë që të përzihet lëkura e limonit. Në tasin e dytë vendosim lëvozhgën e portokallit.
4. Në përzierjen e tretë shtohet kakao, në të katërtën një lugë çaji kokos të tharë dhe e fundit lihet pa asgjë - sigurisht. Të gjitha përzierjet përzihen për të shpërndarë produktet e shtuara.
5. Merrni pak nga masa që rezulton dhe formoni topa.
6. Çdo karamele rrotullohet në arrë kokosi të tharë.
7. Karamelet e shëndetshme me hurma dhe arra janë gati.

8. Karamele Ferrero të bëra vetë

Produktet e nevojshme

- waffles - 300 g me mbushje lajthie
- lajthi - 1,5 lugë. i grirë imët
- çokollatë e lëngshme - 1,5 lugë. Nutella

PËR RROTULLIM

- lajthi - 1,5 lugë. i grirë imët
- çokollatë e zezë - 200 g
- vaj - 1 lugë.

Mënyra e Përgatitjes

1. Thërrmoni vaflet dhe shtoni lajthitë dhe nutellën. E trazojmë mirë dhe e lemë masën në frigorifer për të paktën 30 minuta.
2. Nga përzierja formoni toptha të vegjël sa një arrë. I lëmë në frigorifer për 30 minuta.
3. Shkrini çokollatën në një enë. Shtoni lajthitë dhe vajin. I trazojmë mirë.
4. Hiqni topthat nga frigoriferi dhe zhytni secilin në përzierjen me çokollatë-lajthi.
5. I vendosim në një tepsi të veshur me letër furre. I lëmë në frigorifer të forcohen dhe më pas i rregullojmë në kapsula letre.

9. Topa biskotash me kokos

Produktet e nevojshme

- Biskota - 400 g zakonisht
- Arra - 1 lugë. / i pjekur lehtë dhe i bluar /
- Pluhur Zakhar - 1/2 ch
- sheqer kafe - 1/2 lugë.
- Vaj - 125 g
- qumësht i freskët - 150-180 ml
- Kakao - 2 lugë gjelle.
- Vanilje - 2 thasë
- Kokosi i tharë - 50 g

Mënyra e Përgatitjes

1. Shkrini gjalpin në zjarr të ulët dhe shtoni qumështin. Lëreni të ftohet. Biskotat bluhen në blender.
2. Ka edhe arra të bluara, sheqer pluhur, sheqer kaf, vanilje dhe kakao. Do të jetë i përzier.
3. Shtoni qumështin dhe gjalpin dhe përzieni përsëri derisa të formohet një brumë i trashë dhe ngjitës.
4. E vendosim pandispanjen në frigorifer për rreth 15 minuta që të qëndrojë.
5. Janë karamele në formë që rrotullohen në kokos. Qëndrojnë në frigorifer për rreth një orë.
6. Topthat e biskotave të kokosit janë gati.

10. Karamele me çokollatë me hurma

Produktet e nevojshme

- hurma - 55 g
- çokollatë - 55 g
- proteina - 1 kanaçe (25 g; ose kakao + ëmbëlsues)
- vaj lajthie - 25 g (vaj tjetër ose tahini)

Mënyra e Përgatitjes

1. Fillimisht përzieni hurmat në blender (nëse është e nevojshme shtoni pak ujë).
2. Hidhini ato në një tas.
3. Shkrini çokollatën në një banjë me ujë dhe ia shtoni hurmave bashkë me produktet e tjera.
4. Përziejini mirë derisa të përftoni një masë homogjene nga e cila me duar formoni karamele të papërpunuara.

5. I vendosim karamele me çokollatë me hurma në frigorifer për rreth 1 orë që të forcohen.

11. Topa proteinash me gjalpë kikiriku

Produktet e nevojshme

- Proteina - 2 lugë gjelle. në pluhur
- Bollgur - 1 lugë. / ose bollgur /
- Gjalpë kikiriku - 125 g
- Ujë - 3 lugë gjelle. / ose qumësht bajame / qumësht kokosi /

Mënyra e Përgatitjes

1. Vendosni të gjithë përbërësit për karamele proteinike në një blender dhe bëjeni pure për rreth 1 minutë derisa të ngjitet.

2. Formoni topthat e proteinave me dorë me gjalpë kikiriku.
3. Shërbejeni në një tabaka të bukur në çdo kohë të ditës.

12. Karamele të papërpunuara me banane dhe hurma

Produktet e nevojshme

- Banane - 1 pc.
- Bollgur - 1 lugë.
- Datat - 7 - 8
- Vaj kokosi - 1 lugë gjelle.
- nga brirët - 2 lugë
- Kanellë - 1 lugë.
- Kokosi i tharë

Mënyra e Përgatitjes

1. Përziejini dhe bëni pure të gjitha produktet në një blender.
2. Formoni topa dhe rrotulloni ato në kokos të tharë.
3. I lëmë ëmbëlsirat në frigorifer për disa orë të qëndrojnë.
4. Karamelet e papërpunuara me banane dhe hurma janë gati.

13. Bomba pa dhjamë me hurma dhe arra

Produktet e nevojshme

- hurma - 170 g
- arra - 120 g
- kakao - 35 g
- vaj kokosi - 2 lugë.
- kokos - 50 g
- brirët - 10 g

Mënyra e Përgatitjes

1. Qëroni hurmat dhe hiqni gurin. Nëse nuk i qëroni mund ta kaloni këtë hap, për mua është më mirë kur të qërohen.
2. Hidhni hurmat në një blender, shtoni arrat, kakaon, pak vaj kokosi, gjysmën e kokosit

(gjysmën tjetër do ta lëmë për t'i rrotulluar) dhe miellin e karobit. Përziejini derisa të bashkohen të gjithë përbërësit.
3. Me duar të lagura, merrni pak nga masa dhe i jepni formë karamele të ëmbla, më pas i rrotulloni në pak arrë kokosi.
4. I renditim në një tepsi ose pjatë.
5. Lëreni të ftohet në frigorifer.
6. Pas një ore bombat pa dhjamë me hurma dhe arra janë gati për t'u ngrënë.

14. Karamele biskota me qumësht të kondensuar

Produktet e nevojshme

- biskota çaji - 1 pako e rrumbullakët
- gjalpë - 1/2 qese, e butë
- qumësht i kondensuar - rreth 1/2 kanaçe, karamel (opsionale)
- arra - rreth 150 g bluar

Për Rolling

- arra - të bluara
- kakao pluhur
- ashkël kokosi

Mënyra e Përgatitjes

1. Grijme biskotat dhe i vendosim ne nje ene, shtojme arrat dhe gjalpin e bute, shtojme pak nga pak qumeshtin dhe i perziejme derisa te behet nje brum i bute.
2. Lëreni në frigorifer për rreth 10 minuta që të ftohet pak.
3. Formoni karamele me madhësi arre dhe rrotulloni në arra të bluara, kakao, çokollatë ose kokos.
4. Biskotat e qumështit të kondensuar janë gati.

15. Karamele të papërpunuara me hurma dhe portokall

Produktet e nevojshme

- Hurmat - 1 lugë.
- Bollgur - 1 lugë.
- Lëng portokalli - nga 1/2 portokalli
- Vaj kokosi - 2 lugë.
- Kokosi i tharë
- Arra

Mënyra e Përgatitjes

1. Përziejini të gjitha produktet. Formoni topa dhe rrotullojeni në kokos të tharë.
2. Hidhni sipër një arrë ose një arrë tjetër dhe vendoseni në frigorifer për rreth një orë në mënyrë që ëmbëlsirat të jenë të shtrënguara.

3. Karamelet e papërpunuara me hurma dhe portokall janë gati.

16. Ëmbëlsirat me biskota

Produktet e nevojshme

- biskota të zakonshme - 1 pako
- qumësht i freskët - 1 lugë.
- vanilje - 1 pako
- sheqer - 1/2 lugë
- copa kokosi - ose copa me ngjyrë / çokollatë

Mënyra e Përgatitjes

1. Në një enë mesatare grijmë imët biskotat dhe shtojmë sheqerin, vaniljen dhe qumështin dhe i kaurdisim lehtë derisa të përftohet një masë e trashë.

2. Nga përzierja formoni toptha të vegjël më pas mbështilleni me shkopinj dhe lëreni në frigorifer për 30 minuta.

17. Topa me biskota

Produktet e nevojshme

- biskota - 3 pako Teddy me boronica (270 g)
- vaj - 125 g
- vanilje - 1 pc.
- kakao - 1 kuti
- arra - 250 g
- sheqer pluhur - 250 g
- copa kokosi - 1 pako

Mënyra e Përgatitjes

1. Biskotat janë shumë aromatike dhe shumë të përshtatshme për të bërë këtë lloj karamele. Mund të përdorni të tjera, por do t'ju duhet një esencë ose liker.
2. Thyejmë biskotat dhe i përziejmë me vaniljen, kakaon, arrat e bluara dhe sheqerin pluhur.
3. Të gjithë përbërësit përzihen dhe u shtohet gjalpi i shkrirë dhe fillojmë të përziejmë sërish.
4. Nga përzierja e përftuar formoni toptha dhe i rrotulloni në copa kokosi.

18. Biskota pule

Produktet e nevojshme

- Biskota - 400 g
- Kakao - 90 g
- Sheqeri - 1 lugë.
- Kokosi i tharë - 150 g

Mënyra e Përgatitjes

1. Fillojmë me thyerjen e biskotave. Mund të thyhen, mos u shqetësoni nëse nuk janë thyer në mënyrë perfekte.
2. Vendosni biskotat e rrahura në një enë të thellë, shtoni kakaon, sheqerin dhe 50 gr kokos të tharë dhe përziejini mirë.

3. Më pas shtoni gjalpin në pjesë të vogla dhe përzieni mirë derisa të shkrihet dhe të zhyten në biskota. Ju duhet të merrni një përzierje shumë të trashë si konsistenca e brumit.
4. Kur të kemi mbaruar, do të formojmë topa me madhësi mesatare dhe do t'i rregullojmë në një tepsi ose tepsi që të mos preken.
5. Lërini në frigorifer për të paktën 20 minuta që të forcohen.
6. Pasi të jenë vendosur, secilin prej biskotave i rrotullojmë në kokosin e tharë dhe i vendosim sërish në tepsi ose tepsi.
7. Atëherë nuk është problem që karamele të lehta prekin njëra-tjetrën.
8. Biskotat e kokosit vendosen në frigorifer edhe për dhjetë minuta dhe janë gati për t'u ngrënë.

19. Tartufi keto me avokado dhe çokollatë

Produktet e nevojshme

- Avokado - 1 e madhe e pjekur
- çokollatë e bardhë - 50 g me steviol
- Steviola - 2 lugë gjelle. prej kristalesh
- Kakao - 1 lugë gjelle.
- Kanellë - 1 lugë.
- Vaj kokosi - 3 lugë.
- Kokosi i tharë - 3 lugë gjelle.

Mënyra e Përgatitjes

1. Për këto tartuf me çokollatë, grijeni çokollatën në rende dhe grijeni steviolën në kristale.
2. Shkrini vajin e kokosit dhe qëroni dhe grijeni mirë avokadon me pirun dhe mund të përdorni një blender.

3. Shoshni kakaon dhe përzieni të gjithë përbërësit pa kokosin e tharë.
4. Lëreni përzierjen që rezulton në frigorifer derisa të jetë e ngurtë.
5. Ne bëjmë karamele nga kjo.
6. I mbështjellim keto truffet me avokado dhe çokollatë në arrë kokosi të tharë.

20. Topa me hurma dhe boronica

Produktet e nevojshme

- Hurmat - 200 g
- Arra - 85 g
- Boronica - 50 g të thata
- Kokos - 3 lugë gjelle.
- Vaj kokosi - 1 lugë gjelle.

Mënyra e Përgatitjes

1. Arrat i vendosim në blender, i grijmë, i shtojmë hurmat dhe i bluajmë gjithashtu.
2. Më pas shtoni të gjithë përbërësit e tjerë për karamele të shëndetshme dhe përzieni derisa masa të jetë homogjene.
3. Masën e formoni në toptha me hurma dhe boronica me dorë. I servirim në një tepsi.

KËMBLETA PËR FËMIJË

21. Karamele me biskota Nutella

Produktet e nevojshme

- çokollatë e lëngshme - 400 gram Nutella
- Arra - 250 gram
- Gjalpë - 250 g
- Vanilje - 4 copë.
- Sheqer pluhur - 500 g
- Biskota - 2 pako

Mënyra e Përgatitjes

1. Përziejini në blender biskotat me arrat. Duhet të merret një përzierje e imët - si rëra.
2. Shkrini gjalpin në një banjë me ujë, lëreni të ftohet.
3. Vendosni të gjithë përbërësit për karamele në një enë të thellë dhe përzieni derisa të krijohet një brumë relativisht i butë.
4. E vendosim brumin në frigorifer për rreth një orë.
5. Formoni karamele të çdo madhësie, rrotulloni në çokollatë të lëngshme dhe rregulloni në shirita letre.
6. Biskotat Nutella janë gati.

22. Karamele pelte për fëmijë

Produktet e nevojshme

- Komposto - 300 ml lëng (nga kajsia)
- sheqer kafe - 4 lugë gjelle.
- Xhelatinë - 3 thasë x 10 g
- Lëng limoni - disa pika

Mënyra e Përgatitjes

1. Hidhni lëngun e kulluar të kompostës së kajsisë në një tenxhere me madhësi mesatare. Vendoseni në sobë që të ngrohet, por pa zierje. Më pas nxirrni tiganin dhe shtoni paketat e xhelatinës.
2. E trazojmë me lugë dhe e lëmë të qëndrojë për disa minuta derisa xhelatina të fryhet.

3. Më pas kthejeni masën në pianurë me zjarr mesatar dhe përzieni rregullisht derisa të krijohet një masë homogjene.
4. Shtoni sheqerin kaf dhe disa pika limoni (rreth 1/2 lugë çaji).
5. Hedhim përzierjen e pelte dhe karamele në kallëpe të përshtatshme (kallëpa silikoni kam përdorur).
6. Lërini format e plota në frigorifer derisa xhelatina të ftohet dhe të forcohet.
7. Bëjini fëmijët tuaj të lumtur me karamele me pelte për fëmijë!

23. Biskota me çokollatë, arra dhe kokos

Produktet e nevojshme

- Biskota - 300 g
- Arra - 100 g
- Gjalpë - 100 g
- Kakao - 4 lugë gjelle.
- qumësht i freskët - 150 ml
- Sheqeri - 6 lugë gjelle.
- Çokollatë - 2 copë.
- Arra - të bluara
- Kokosi i tharë

Mënyra e Përgatitjes

1. Njërën pako biskota e grij dhe tjetrën e thyej që të ketë copa në karamele dhe të shtohen arrat.
2. Qumështin, gjalpin, kakaon dhe sheqerin i vëmë të ziejnë, më pas e largojmë nga zjarri, i shtojmë 1 çokollatë.
3. Pasi të jetë ftohur, hidhni mbi biskota dhe përzieni mirë, prisni dhjetë minuta dhe filloni të formoni toptha.
4. Me pas e leme te ftohet ne te ftohte dhe me pas çokollaten e dyte te shkrire e hedh me pak uje dhe ne kete rast rrokulliset me kokos dhe arra.
5. Përzierjes mund t'i shtohen shije të ndryshme ose fruta të thata ose arra të tjera.
6. Biskotat me çokollatë, arrat dhe kokosin janë gati.

24. Karamele pelte të lehta nga komposto

Produktet e nevojshme

- lëng komposto - 350 ml
- sheqer - 6 lugë
- xhelatinë - 50 gram
- lëng limoni - 1/2 lugë. ose acid citrik

Mënyra e Përgatitjes

1. Përdorni lëng komposto sipas dëshirës tuaj, pure frutash ose lëng frutash. Nëse nuk ju pëlqejnë ëmbëlsirat shumë të ëmbla, zvogëloni sheqerin në 2-3 lugë.
2. Lëngun e kompostës e ngrohim në një pjatë të nxehtë, e largojmë nga zjarri dhe i shtojmë 50 gr xhelatinë.

3. E trazojmë mirë dhe e lëmë mënjanë masën që xhelatina të fryhet.
4. Pasi xhelatina të fryhet, kthejeni përzierjen në pianurë dhe përziejeni herë pas here derisa të jetë homogjene. Shtoni sheqer dhe 1/2 lugë çaji lëng limoni (acid limoni).
5. Hidhni gjithçka në një enë dhe derdhni përzierjen në tabaka për ëmbëlsira shtëpiake/kuba akulli.
6. I lëmë ëmbëlsirat në frigorifer të forcohen.
7. Karamelet me komposto me pelte janë gati.

25. Topa çokollate me karota

Produktet e nevojshme

- Miell - 1 1/2 lugë.
- Sheqeri - 1 lugë.
- Karota - 1 lugë. fërkuar
- Arra - 1/2 lugë.
- Lëkura e limonit
- Vezë - 2 copë.
- Pluhur pjekje - 1 pc.
- Vaj - 3/4 lugë.
- Kanellë - 1 lugë.
- çokollatë e lëngshme - për lustrim
- Gjalpë - 50 g i butë
- Pelte kajsie - 2 - 3 lugë gjelle.

Mënyra e Përgatitjes

1. Rrihni vezët me sheqerin. Shtojmë vajin, kanellën, karotat e grira, lëkurën e limonit dhe miellin së bashku me pluhurin për pjekje.
2. Përziejini derisa të jetë homogjene dhe derdhni masën në një tigan të lyer.
3. Piqni marshmallows në furrën e parangrohur. Kontrolloni gatishmërinë me një shkop druri.
4. Lëreni bukën e përfunduar të ftohet dhe copëtojeni në thërrime. Shtoni gjalpin, arrat e grira hollë dhe pelten me kajsi. I trazojmë dhe formojmë topa.
5. Lagni çdo lugë në çokollatë të lëngshme dhe ftohni karrota.

26. Karamele pelte të bëra nga lëngu i rrushit

Produktet e nevojshme

- Lëng rrushi - 2 lugë çaji të pastër pa sheqer
- Sheqer - 2¼ lugë. + 3 lugë gjelle. E bardha
- Glukoza - ½ orë H.
- Pektina e mollës - 2 lugë gjelle.

Mënyra e Përgatitjes

1. E mbuloj pjesën e poshtme të një tabaka katrore me mbështjellës plastik. Përzieni 2 lugë çaji glukozë dhe sheqer me lëng rrushi mbi nxehtësinë mesatare. Lëreni përzierjen të vlojë dhe përzieni derisa të shkrihet sheqeri.
2. Përzierja duhet të ziejë lehtësisht. Ajo dëshiron të bëhet më e trashë. Përzieni

sheqerin e mbetur dhe pektinën e mollës në një tas.

3. Shtoni në. Hidhni një lugë çaji përzierjen e ngrohtë dhe përzieni shpejt. Përzierja e re nuk duhet të ketë gunga. E hedh në tigan me pjesën tjetër të masës së ngrohtë.

4. Vendosni një termometër në tigan dhe prisni që masa të arrijë 118 gradë.

5. Përzierjen e derdhni ngadalë në tigan. E trokas tabakanë në banak për të nxjerrë ajrin nga përzierja. E leme te kurohet ne temperature ambjenti.

6. Sapo pelte të zihet, e kthejmë në një tepsi me sheqer. Pritini me kujdes pelten në katrorë dhe mbështillni karamele pelte në sheqer.

27. Topa biskotash me qumësht të kondensuar dhe çokollatë

Produktet e nevojshme

- Biskota - 200 g kakao (atdheu)
- Pluhur zakhar - 1/2 lugë gjelle
- Qumësht i kondensuar - 150 g
- Gjalpë - 60 g i shkrirë
- Çokollatë - 150 g e shkrirë për rrotullim
- Bajame - 100 g të prera në feta ose të grimcuara për spërkatje

Mënyra e Përgatitjes

1. Thërrmoni biskotat në një blender. Hidhini ato në një tas. Shtoni sheqerin dhe përzieni mirë që të përzihet.

2. Shtoni gjalpin e shkrirë dhe qumështin e kondensuar. Përziejini sërish mirë për të bërë një top brumi.
3. Mbulojeni enën dhe lëreni në frigorifer për rreth një orë. Kur të keni mbaruar, formoni topa të vegjël.
4. Vendosini përsëri topat në frigorifer për t'u vendosur pasi nxehtësia nga duart tuaja do të bëjë që brumi të ngjitet.
5. Sapo të zihet, zhyteni në çokollatë të shkrirë dhe rregulloni në një pjatë. Spërkateni me bajame të prera ose të grimcuara ose arra të tjera sipas dëshirës.
6. Vendosini sërish ëmbëlsirat në frigorifer përpara se t'i shërbeni.

28. Karamele me mjaltë dhe susam

Produktet e nevojshme

- tahini - 200 g fara susami
- mjaltë - 200 g
- susam

Mënyra e Përgatitjes

1. Në një enë përzieni tahinin me mjaltë deri sa të bëhet një masë homogjene.
2. Formojmë topa, të cilët i rrotullojmë në farat e susamit.
3. Forma mund të jetë sipas zgjedhjes suaj.
4. Vendoseni në një enë të përshtatshme dhe ruajeni në frigorifer për 1 orë.

29. Gjelbakë me çokollatë të bërë në shtëpi

Produktet e nevojshme

- Çokollatë - 500 g
- qumësht i freskët - 500 ml
- Vanilje - 2 pluhura
- zemra shumëngjyrëshe - 1 pako
- Kakao - 250 g
- topa me ngjyra - 1 qese

Mënyra e Përgatitjes

1. Shkrini çokollatën në një kazan të dyfishtë. Më pas shtojmë qumështin e freskët dhe

kakaon në çokollatën e shkrirë dhe i trazojmë mirë me një shpatull.
2. Lëreni përzierjen të forcohet në frigorifer për disa orë.
3. Kur të jetë gati, formoni toptha nga masa dhe rrotulloni ato në zemra dhe topa shumëngjyrëshe dhe ngjitni një gjel sheqeri sipër.
4. Gjelqetat e përftuara në këtë mënyrë mund të qëndrojnë në frigorifer edhe pak më gjatë kur të arrijnë tek ai. :)
5. Të bëftë mirë!

30. Qershitë me çokollatë

Produktet e nevojshme

- qershi - 300 g
- sheqer pluhur - 2 lugë.
- gjalpë - 6 lugë gjelle.
- vanilje - 1/2 lugë.
- qumësht i freskët - 2 lugë gjelle.
- çokollatë e zezë - 50 g
- çokollatë me qumësht - 100 g

Mënyra e Përgatitjes

1. Shkrini 3 lugë gjelle. gjalpë dhe e përziejmë me sheqer pluhur, vanilje dhe qumësht. Ziejeni këtë përzierje me duart tuaja - duhet të merrni brumë sheqeri.

2. Lajmë qershitë dhe i thajmë duke i lënë të plota me doreza.
3. Merrni një copë të vogël brumë sheqeri dhe mbështilleni rreth çdo qershie, duke i renditur në letër furre dhe vendoseni në frigorifer për 20 minuta.
4. Shkrini dy llojet e çokollatës së bashku me pjesën tjetër të gjalpit në një banjë uji, lëreni për dy minuta jo aq të lëngshme dhe shkrini qershitë një nga një.
5. I renditim sërish në letër ose fletë metalike. I lëmë në frigorifer për 10 minuta që të forcohen dhe i konsumojmë me kënaqësi.

31. Kifle me pelte luleshtrydhe

Produktet e nevojshme

- Vezë - 2 copë.
- Miell - 1 lugë.
- Niseshte misri - 2 lugë gjelle.
- Kos i kaluar - 20 lugë gjelle.
- Vaj - 2 lugë gjelle.
- Pluhur pjekje - 1 lugë.
- Sheqeri - 4 lugë gjelle.
- Vanilje - 1 pc.
- Manaferrat - 50 g
- çokollatë e bardhë - 50 g
- Feta limoni - 10 copë. G
- Karamele pelte - vija jeshile
- Bar çokollatë - 1 lugë gjelle.

- Ngjyra e ëmbëlsirave - e kuqe

Mënyra e Përgatitjes

1. Rrihni vezët me sheqerin. Shtoni vajin, qumështin e situr, vaniljen, niseshtën e misrit, miellin dhe pluhurin për pjekje dhe përziejini derisa të bëhet një masë homogjene.
2. Pastroni luleshtrydhet dhe pritini në copa të vogla. I shtoni në përzierje dhe i përzieni.
3. Për formën e luleshtrydhes na duhen format e rrumbullakëta silikoni për kifle. Format i radhisim në një tepsi të rrumbullakët afër njëra-tjetrës në formë rrethi. Ata duhet të shtypen së bashku, duke ndryshuar formën e tyre nga e rrumbullakët në të ngushtë në një pjesë ku qendra e tepsisë dhe kështu ngjajnë me luleshtrydhet.
4. Mbushni format me masën dhe piqini në një furrë të moderuar. I leme te ftohen ne kallepet silikoni dhe ne tave pa i nxjerr dhe duke i levizur.
5. Përzieni petët pelte dhe çokollatën e bardhë të thyer në një tas. Ngroheni në mikrovalë për disa sekonda. Përziejini përsëri dhe ngrohni derisa të krijohet një lëng i trashë.

Shtoni një pikë ngjyrë të kuqe karamele dhe përzieni derisa ngjyra të jetë e njëtrajtshme.

6. Hiqni kekët e ftohur në një raft teli dhe derdhni lëngun e pelte mbi to. E mbledhim atë që ka rrjedhur nga poshtë me një lugë dhe e hedhim mbi çdo kek.

7. Lëreni glazurën të ngurtësohet dhe dekorojeni, duke formuar kërcell luleshtrydhesh nga shirita pelte jeshile dhe duke spërkatur copa çokollate për të imituar farat e lulediellit.

32. Karamele me kungull

Produktet e nevojshme

- Kungull - 500 g
- Biskota - 300 g, gjalpë
- Sheqer pluhur - 100 g
- Vaj - 60 g
- Arra - 50 g
- Fondant - E gjelbër

Mënyra e Përgatitjes

1. Vendosim kungullin në një tavë dhe piqni në 200 gradë për rreth 35-40 minuta, ose derisa të zbuten. Grini arrat dhe biskotat në procesorin e ushqimit.

2. Pasi kungulli të jetë ftohur, shtoni arrat e bluara dhe biskotat. Shtoni sheqerin, gjalpin, kanellën dhe përziejini mirë.
3. Lëreni të vendoset në frigorifer. Më pas formoni topa të vegjël dhe përdorni një kruese dhëmbësh për të imituar skicat që janë modeluar në një kungull.
4. Bëni kërcell kungulli nga fondanta jeshile. I vendosim në kosh mbeturinash dhe i vendosim në frigorifer.
5. Nëse kungulli nuk është mjaftueshëm i verdhë, mund t'i shtoni një ngjyrë të padëmshme portokalli.

33. Pika biskota dhe gjel sheqeri

Produktet e nevojshme

- Biskota - 400 g mëngjes (50:50 e bardhë dhe kafe)
- Arra - të bluara 150 g
- qumësht i freskët - 150 ml (shtoni më shumë nëse është e nevojshme)
- Sheqer pluhur - 1 lugë.
- Vaj - 1/2 paketë. Lopët

Për dekorim

- kokosit
- kakao
- susam
- Kallamishte karamele - shumëngjyrëshe

- çokollatë
- çokollatë e bardhë - për ëmbëlsira

Mënyra e Përgatitjes

1. Grini biskotat me një petull, më pas shtoni sheqerin, arrat dhe gjalpin.
2. Në fund shtoj qumështin e freskët dhe përcaktoj sasinë në bazë të kohës që do të duhet për të bërë një brumë të butë, por jo shumë ngjitës.
3. E vendosa në frigorifer për pak që të forcohet dhe të formohen më lehtë topat.
4. Pasi të kenë marrë formë topat, ato mund të zhyten në çokollatë ose të rrotullohen në çdo gjë që keni përgatitur për dekorim.

34. Topthat e biskotave me kanellë

Produktet e nevojshme

- miell - 2 lugë.
- vezë - 2 copë.
- sheqer - 1 lugë. + 2 lugë gjelle.
- krem - ½ lugë, brumë kosi
- niseshte - 1 lugë, grurë
- sode - 1 lugë
- uthull - 1 lugë.
- kanellë - 1 lugë gjelle.

Mënyra e Përgatitjes

1. Në një enë rrihni vezët me sheqerin, shtoni kremin dhe gjalpin e zbutur.
2. Përzieni uthullën dhe sodën dhe shtoni në enë.

3. Shtoni gradualisht niseshtenë e përzier me miellin.
4. Ziejmë brumin dhe e japim në copa të zgjatura. I presim në feta, nga të cilat formojmë toptha.
5. Përzieni 2 lugë gjelle. sheqer dhe kanellë.
6. Rrotulloni çdo top në këtë masë, rregulloni në një tepsi të mbuluar me letër furre dhe piqeni në 180 gradë derisa të marrë ngjyrë rozë.

35. Topa çokollatë me gjizë dhe arra

Produktet e nevojshme

- Gjizë - 400 g
- Biskota - 200 g të buta
- Kos - 5 lugë gjelle.
- Arra - 100 g të grira trashë
- Sheqeri - 1/2 lugë.
- Kakao - 3 lugë gjelle. në pluhur
- Vanilje - 1 pc.
- Çokollatë - 200 g
- Gjalpë - 4 lugë gjelle.

Mënyra e Përgatitjes

1. Biskotat bluhen në pluhur. Përziejmë bashkë kuarkun, sheqerin, qumështin e thartë, vaniljen dhe kakaon.
2. Shtoni arrat dhe biskotat dhe përziejini gjithçka. Nëse është e nevojshme, shtoni më shumë biskota dhe arra. Formoni topa dhe vendoseni në frigorifer për 30 minuta.
3. Bëni një glazurë duke thyer çokollatën dhe duke e shkrirë me gjalpin në një kazan të dyfishtë. Shkrini topat në glazurë dhe lërini të pushojnë në frigorifer për 30 minuta.

36. Karamele pelte luleshtrydhe

Produktet e nevojshme

- Lëng kokrra të kuqe - 10 lugë.
- Sheqeri - 200 g
- Lëng limoni - 2 lugë.
- Xhelatinë - 12 g
- Sheqer pluhur - 4 lugë gjelle.

Mënyra e Përgatitjes

1. Xhelatina ngjyhet në ujë të ftohtë të vluar.
2. Lëngu i luleshtrydhes përzihet me sheqerin dhe lëngun e limonit dhe zihet. Lëreni të ziejë për pesë minuta, fikni zjarrin, shtoni xhelatinën e kulluar dhe përzieni gjithçka.

3. Përzierja hidhet në tepsi akulli dhe lihet në frigorifer për 3 orë.
4. Hiqni karamele nga kallëpet dhe pudrosni me sheqer pluhur.

37. Karamele banane me çokollatë

Produktet e nevojshme

- banane - 2 copë.
- çokollatë - 50 g

Mënyra e Përgatitjes

1. Qëroni bananen dhe e prisni në rrathë me trashësi 2 cm.
2. Shkrini çokollatën në një banjë me ujë dhe hidheni mbi fetat e bananes.
3. Vendoseni në një pjatë dhe shërbejeni pasi të ketë qëndruar çokollata. Ruajeni në frigorifer.

38. Karamele ruse me gjizë

Produktet e nevojshme

- Gjizë - 300 g
- Arra - 50 g
- Biskota - 150 g të buta
- Sheqeri - 3 lugë gjelle.
- Vanilje - 1 pc.

PËR RROTULLIM

- Çokollatë - 50 g
- Kanellë - 1/2 lugë.
- Kakao - 1/2 lugë. në pluhur

mënyra e përgatitjes

1. Gjiza fërkohet në sitë ose bëhet pure me pirun. I perziejme me sheqerin dhe vaniljen, shtojme biskotat e grira dhe arrat e bluara dhe i perziejme te gjitha bashke.
2. Formohen karamele të rrumbullakëta. Oval në çokollatë të grirë, kanellë dhe pluhur kakao për të krijuar lloje dhe shije të ndryshme karamele. Lëreni të qëndrojë në frigorifer për 1 orë.

39. Bomba të dobishme kokosi

Produktet e nevojshme

- kokos - 1 lugë. të grira
- boronica - 1 lugë. e kuqe (e tharë)
- rrush të thatë - 1 lugë.
- kikirikë - 1 lugë. të papërpunuara
- gjalpë - 1 pako lopë
- mjaltë - 4 lugë gjelle.

Mënyra e Përgatitjes

1. Vendosni gjysmën e kokosit, boronicat, rrushin e thatë dhe kikirikët në helikopterin e kuzhinës. Grini gjithçka shumë mirë.
2. Ngrohni vajin në një banjë me ujë dhe shtoni atë në përzierjen që rezulton. Shtoni mjaltë.

3. E trazojmë edhe një herë dhe e vendosim në frigorifer për 30 minuta. Merrni përzierjen e ftohur.
4. Formoni topa të vegjël me një lugë. Hidhni karamele që rezultojnë në pjesën e mbetur të kokosit dhe kthejini ato në një vend të freskët për disa orë.

40. Karamele

Produktet e nevojshme

- çokollatë - 100 g
- qershi - ngjyhet në liker

Mënyra e Përgatitjes

1. Shkrini çokollatën në një banjë me ujë dhe më pas vendoseni në një kallëp për karamele - në secilin kallëp vendosni një copë të vogël çokollatë, vendosni mbi një qershi dhe derdhni derisa kallëpi të mbushet me çokollatë.
2. I vendosim ëmbëlsirat në frigorifer për rreth 2 orë.

Karamele të SHËNDETSHME

41. Çokollata të shëndetshme

Produktet e nevojshme

- Hurma - 30 copë (afërsisht 200 g) pa gropë, një pa sheqer
- Gjalpë kikiriku - 5 lugë gjelle. i pa ëmbëlsuar
- çokollatë e zezë - 70 g
- Kakao - 2 lugë gjelle.
- Kokosi i tharë - 3 lugë gjelle. të rrokulliset

Mënyra e Përgatitjes

1. Vendosni të gjithë përbërësit përveç kokosit të tharë në një mikser ose grirës të fuqishëm dhe bëjeni pure derisa të formohet një masë prej kadifeje (rreth 5 minuta).
2. Formoni karamele në madhësinë e dëshiruar dhe rrotullojeni në arrë kokosi të tharë.
3. Vendoseni në frigorifer për 1 orë dhe keni mbaruar.
4. Çokollatat e shëndetshme janë gati.

42. Festa me bajame me çokollatë

Produktet e nevojshme

- Bajame - 200 g të papërpunuara
- Kakao - 3 lugë gjelle.
- Çokollatë - 100 g natyrale

Mënyra e Përgatitjes

1. Lagni bajamet në ujë të ngrohtë në mënyrë që të fryhen.
2. Qëroni dhe grijeni një kungull dhe shtrydhni lëngun.
3. Lëreni të thahet për 30 minuta në 100°C.
4. Shkrini çokollatën në një kazan të dyfishtë.
5. Zhytni bajamet në të dhe në fund i mbështillni në kakao.

6. Lini ëmbëlsirat e bëra vetë në tepsi dhe shërbejini mysafirëve tuaj.
7. Bajamet me çokollatë janë të shijshme.

43. Karamele të shëndetshme të bëra në shtëpi me gështenja

Produktet e nevojshme

- Gështenja - rreth 350 g
- Hurmat - 200 g
- Rrush i thatë - 150 g i zi
- Vaj kokosi
- Corn flakes - përafërsisht. 150 g
- Kakao - të rrokulliset
- Farat e kërpit - të qëruara, për t'u rrotulluar

Mënyra e Përgatitjes

1. Gështenja të ziera (të pastruara nga brenda pa thekon) përafërsisht. 300-350 g, të zhytura në ujë për 1 ditë me përafërsisht. 200 gr hurma (të papastër) dhe 150 g rrush të zi (dhe të bardhë).
2. Do t'ju duhet gjithashtu pak vaj liri ose vaj kokosi, corn flakes (pa sheqer), përafërsisht. 150 g.
3. I grij thekonet ne blender. Më pas i ktheva në blender hurmat dhe rrushin e thatë së bashku me ujin.
4. Shtova gjithashtu yndyrën time të preferuar (jo shumë). Gatuaj diçka si brumë, nëse është e vështirë shtoj edhe pak ujë.
5. E lë në frigorifer. Pas 4 orësh i jap formë karameleve të bëra vetë.
6. Më pas hedh gjysmën e karamele vegane në kakao dhe gjysmën e të tjerave në farat e kërpit të qëruara dhe ju merrni karamele të shijshme të shëndetshme të bëra në shtëpi me gështenja.

44. Karamele të shëndetshme me hurma dhe arra

Produktet e nevojshme

- Hurmat - 1 kuti natyrale
- Arra - 500 g të thyera
- Lëkura e limonit
- Lëkurë portokalli
- Kakao - sigurisht 1 lugë gjelle
- Kokosi i tharë - 150 g

Mënyra e Përgatitjes

1. Hurmat natyrale pastrohen nga gurët dhe derdhen në përpunuesin e ushqimit. Shtoni arrat e thyera. Grini në një përzierje homogjene.

2. Përzierja që rezulton ndahet në pesë pjesë të barabarta dhe vendoset në enë. Lëkura e limonit në një rende.
3. E trazojmë me dorë që të përzihet lëkura e limonit. Në tasin e dytë vendosim lëvozhgën e portokallit.
4. Në përzierjen e tretë shtohet kakao, në të katërtën një lugë çaji kokos të tharë dhe e fundit lihet pa asgjë - sigurisht. Të gjitha përzierjet përzihen për të shpërndarë produktet e shtuara.
5. Merrni pak nga masa që rezulton dhe formoni topa.
6. Çdo karamele rrotullohet në arrë kokosi të tharë.
7. Karamelet e shëndetshme me hurma dhe arra janë gati.

45. Topat e proteinave të kakaos

Produktet e nevojshme

- Proteina e hirrës - 2 lugë gjelle. në pluhur
- Kakao - 2 lugë gjelle.
- Hurma - 200 g, pa gropë
- Bajame - 85 g
- Vaj kokosi - 2 lugë gjelle.
- Ujë - 1 lugë gjelle.

Mënyra e Përgatitjes

1. Të gjithë përbërësit i vendosim në blender dhe i përziejmë për 2-3 minuta derisa të krijohet një masë homogjene.
2. Bëni karamele nga përzierja.
3. Topthat e proteinave të kakaos janë gati.

46. Topat e proteinave të kokosit

Produktet e nevojshme

- Pluhur i proteinës së hirrës - 2 lugë gjelle
- Qumësht kokosi - 1/2 filxhan
- Miell kokosi - 2 gota + për të rrotulluar

Mënyra e Përgatitjes

1. Hidhni në blender pluhurin e bardhë të vezës, qumështin e kokosit dhe miellin.
2. Përziejini për 1 minutë derisa të gjithë përbërësit të jenë përzier mirë.
3. Bëni ëmbëlsirat.
4. Rrotulloni topat e proteinave të kokosit në miell kokosi dhe keni mbaruar.
5. Topat e proteinave të kokosit janë të shijshëm!

47. Pika të thjeshta proteinash

Produktet e nevojshme

- Vaj bajame - 2 lugë gjelle. Natyrisht
- Proteina - 30 g sipas dëshirës tuaj (vanilje, çokollatë)
- Kokosi i tharë - 2 lugë gjelle. pa sheqer + 1 lugë gjelle. të rrokulliset
- kanellë
- Lëng molle - 2 lugë gjelle. i pa ëmbëlsuar
- Kakao - 1 lugë gjelle.
- Bajame - 1 / 2.k.ch. i grimcuar
- Arra - qëllime dekorative
- Vaj kokosi

Mënyra e Përgatitjes

1. Përziejini të gjithë përbërësit pa kanellë dhe 1 lugë gjelle. Kokosi i grirë dhe përzihet mirë.
2. Me ndihmën e duarve të lyera me vaj kokosi formojmë toptha.
3. Pasi t'i kemi dhënë formë, i rrotullojmë në një përzierje kokosi të tharë dhe kanellë.
4. Dekoroni pjesën e sipërme të pulës me arra të plota.
5. I vendosim ëmbëlsirat në frigorifer për 30 minuta.
6. Karamelet e thjeshta proteinike janë gati.

48. Energjia e ëmbëlsirave

Produktet e nevojshme

- Kënaqësi turke - 3 copë.
- Arra - 1/2 lugë.
- Rrush të thatë - 1 grusht
- Bajame - 1/2 lugë.
- Hurma - 100 g pa gropë
- Kokosi i tharë - për t'u rrotulluar

Mënyra e Përgatitjes

1. Thithni hurmat dhe rrushin e thatë në një tas të vogël me ujë për 10 minuta.
2. Në një përpunues ushqimi ose helikopter grijmë hurmat dhe rrushin e thatë të hequr

nga uji, lakminë turke të prerë në feta, bajamet dhe arrat.
3. Përftohet një pastë e trashë që i ngjan një brumi të fortë.
4. Nga kjo përzierje formojmë me duar karamele të vogla të rrumbullakëta.
5. Rrokullisni secilën karamele veç e veç në arrë kokosi të tharë.
6. Lërini të forcohen në frigorifer për disa orë.
7. Nga kjo sasi përftohen rreth 12 karamele energjike.

49. Karamele proteinike me hurma

Produktet e nevojshme

- Çamçakëz e karkalecave - 1 lugë gjelle.
- Arra - 50 g
- Cornflakes - 2 grushte
- Hurmat - 5 - 6 copë.
- Proteina - 1 lugë gjelle. në pluhur
- Ujë - 50 ml
- Kokosi i tharë - për t'u rrotulluar

Mënyra e Përgatitjes

1. Grini arrat dhe corn flakes dhe vendosini në një tas.

2. Shtoni miellin rozhkov, pluhur proteinash dhe hurma të grira hollë.
3. Shtoni ujin dhe përziejini mirë. I jepni formë ëmbëlsirave proteinike në madhësinë e një arre dhe i rrotulloni në arrë kokosi të tharë dhe mundësisht kakao.
4. I lëmë ëmbëlsirat të qëndrojnë pak në frigorifer.
5. Argëtohuni me këto ëmbëlsira proteinike me hurma!

50. Ëmbëlsirat proteinike me gjizë dhe arrë kokosi të tharë

Produktet e nevojshme

- Gjizë - 100 g ligët
- Proteina - 20 g me aromë vanilje
- Krundet e tërshërës - 20 g
- mjaltë - 10 g
- Çokollatë - 10 g natyrale
- Kokos - të rrokulliset

Mënyra e Përgatitjes

1. Cokollatën e grijmë në rende të trashë.
2. I vendosim të gjitha produktet në një tas të thellë.
3. E përziejmë gjithçka mirë.

4. Formojmë topa në madhësinë e një arre.
5. Rrotulloni karamele të përfunduar në kokosin e tharë.
6. Vendoseni në një pjatë dhe ftohuni për 30 minuta.
7. Ëmbëlsirat proteinike me gjizë dhe kokos të tharë janë gati.

51. Crutch karamele bajame

Produktet e nevojshme

- bajame - 50 g
- vaj bajame - 50 g crunches (ose të zakonshëm)
- shurup agave - 30 g (ëmbëlsues sipas dëshirës)
- spirulina blu - 2 lugë. (mund të anashkalohet)

Mënyra e Përgatitjes

1. Përziejini bajamet në një blender.
2. I derdhni në një enë, shtoni produktet e mbetura dhe përziejini mirë.
3. Nga përzierja që rezulton, formoni karamele të dobishme dhe i lini në frigorifer për rreth. 30 minuta për t'u shtrënguar.

4. Më pas nxirrni dhe thërrimet e karamele bajamesh janë gati.

52. Ëmbëlsirat me çokollatë të bardhë dhe bajame

Produktet e nevojshme

- Gjalpë kakao - 30 g
- Qumësht kokosi - 20 g pluhur
- Shurup agave - 15 ml
- Bajame - 10 g

Mënyra e Përgatitjes

1. Shkrini gjalpin e kakaos në një banjë uji.
2. Transferoni në një tas, shtoni qumësht kokosi dhe shurup agave dhe përzieni.
3. Pritini bajamet në copa dhe shtoni ato.

4. Përziejeni përsëri dhe masën që rezulton ndajeni në kanaçe karamele.
5. I lëmë ëmbëlsirat në ngrirje derisa të jenë të forta.
6. Më pas i nxirrni me kujdes dhe janë gati për servirje.
7. Karamelet me çokollatë të bardhë dhe bajame janë të shkëlqyera!

53. Çokollata me mbushje

Produktet e nevojshme

- Gjalpë kakao - 20 g
- Vaj kokosi - 20 g
- Kakao - 15 g
- Shurup agave - 30 ml (ose ëmbëlsues tjetër sipas dëshirës tuaj)
- Gjalpë kikiriku - ose tahini për mbushje

Mënyra e Përgatitjes

1. Shkrini gjalpin e kakaos në një banjë uji.
2. Hidheni në një tas, shtoni produktet e mbetura dhe përzieni mirë.
3. Hidhni deri në gjysmën e përzierjes në kavanoza karamele.

4. Shtoni pak gjalpë ose tahini dhe mbusheni me masën e mbetur të çokollatës.
5. Vendosni ëmbëlsirat e dobishme për t'i veshur për rreth 30-40 minuta.
6. Më pas largojmë pralinat me mbushjen dhe shërbejmë.

54. Karamele çokollatë me hurma

Produktet e nevojshme

- hurma - 55 g
- çokollatë - 55 g
- proteina - 1 kanaçe (25 g; ose kakao + ëmbëlsues)
- vaj lajthie - 25 g (vaj tjetër ose tahini)

Mënyra e Përgatitjes

1. Fillimisht përzieni hurmat në blender (nëse është e nevojshme shtoni pak ujë).
2. Hidhini ato në një tas.
3. Shkrini çokollatën në një banjë me ujë dhe ia shtoni hurmave bashkë me produktet e tjera.
4. Përziejini mirë derisa të përftoni një masë homogjene nga e cila me duar formoni karamele të papërpunuara.

5. I vendosim karamele me çokollatë me hurma në frigorifer për rreth 1 orë që të forcohen.

55. Pulat me karamele kungull

Produktet e nevojshme

- Kungull - i pjekur 150 g
- Gjizë - 150 g ëmbëlsira (ose e thjeshtë)
- Krem kokosi - 30 g (ose krem kokosi ose gjalpë)
- Ëmbëlsues - për shije
- Kokosi i tharë - për t'u rrotulluar

Mënyra e Përgatitjes

1. Për këto pula të dobishme, grijeni kungullin e pjekur paraprakisht në një tas.
2. Shtoni produktet e mbetura dhe përziejini mirë.

3. Masën e formoni në karamele kokosi dhe i rrotulloni në arrë kokosi të tharë.
4. Lëreni karamele me kungull Kokoski të pushojë në frigorifer për disa orë dhe më pas shërbejeni.

56. Çokollata me shije bajame

Produktet e nevojshme

- Qershi - 50 g të thata
- Lajthi - 50 g të pjekura (ose të papërpunuara)
- Tahini me lajthi - 30 g
- Vaj kokosi - 20 g
- Kokosi i tharë - 15 g
- Shurup agave - 35 ml (ose një ëmbëlsues tjetër nëse dëshironi)
- Thelbi i bajames
- Çokollatë - 40 g (për t'u rrotulluar)

Mënyra e Përgatitjes

1. Përziejini të gjitha produktet pa çokollatë dhe kokosin e tharë në një mikser dhe bëjeni pure në një masë homogjene.

2. Shtoni kokosin e tharë dhe përziejeni.
3. Nga përzierja që rezulton formoni karamele të cilat i lini të vendosen në frigorifer për disa orë.
4. Më pas shkrihet çokollata në një kazan të dyfishtë dhe ëmbëlsirat tashmë të forta bajamesh ovale me një lugë.
5. Kulloni çokollatën dhe vendosni përsëri çokollatat me shije bajame në frigorifer që të forcohen.

57. Karamele me kikirikë të papërpunuar me gjizë

Produktet e nevojshme

- Arra - 100 g përzierje të papërpunuara (kikirikë, bajame, arra shqeme) dhe rrush të thatë
- Gjizë - 100 g ëmbëlsira (ose natyrale)
- Gjalpë kikiriku - 35 g me copa kikiriku
- Stevia - ose ndonjë ëmbëlsues tjetër sipas zgjedhjes suaj
- Kikirikë - (ose arra të tjera) për t'u rrotulluar

Mënyra e Përgatitjes

1. Grini përzierjen e arrave dhe rrushit të thatë në një blender për këto karamele të papërpunuara.
2. Hidheni në një tas dhe shtoni produktet e mbetura.
3. Përziejini mirë dhe masën që rezulton në formë karamele.
4. Rrotulloni kikirikët e grirë paraprakisht dhe lërini ëmbëlsirat e papërpunuara të kikirikut me gjizë të pushojnë në frigorifer për disa orë.

58. Karamele shtëpi me tre përbërës

Produktet e nevojshme

- Krem djathi - 125 g
- Tahini i susamit - 3 lugë gjelle.
- Kokosi i tharë - 4 lugë gjelle.
- bajame të papërpunuara - 100 g

Mënyra e Përgatitjes

1. Krem djathi rrihet me mikser. Shtoni tahinin e susamit dhe vetëm dy lugë arrë kokosi të tharë. Me kokosin e mbetur të tharë rrotullojmë karamele të shijshme shtëpiake.
2. Përzieni tre përbërësit për karamele të shëndetshme me një shpatull.
3. Karamelet formohen në toptha.
4. Grini bajamet e papërpunuara në një blender.

5. Karamelet e formësuara rrotullohen në pjesën e mbetur të kokosit të tharë dhe bajameve të grira të papërpunuara.
6. Ju mund të hani në mënyrë të sigurtë karamele shtëpi me tre përbërës nëse shikoni figurën tuaj.

59. Karamele të shijshme pa sheqer

Produktet e nevojshme

- nga brirët - 50 g
- krem djathi - 160 g
- mjaltë - 30 g
- gjalpë lope - 100 g
- arra - 100 gram për rrotullim
- copa kokosi - opsionale
- shkopinj sheqeri - opsionale

Mënyra e Përgatitjes

1. Hidhni krem djathin, miellin e karkalecave dhe mjaltin në një enë, përzieni.
2. Shkrini gjalpin në një banjë me ujë dhe ia shtoni përbërësve të tjerë. Përziejini mirë

derisa të përftohet një masë homogjene me gëzof.
3. Masën e vendosim në frigorifer për rreth një orë që të forcohet.
4. Hiqni dhe formoni toptha, të cilët më pas rrotullohen mirë në arrat e bluara. Nëse dëshironi, mund t'i rrotulloni në rroje kokosi ose shkopinj sheqeri.
5. Nga kjo përzierje dalin rreth 24-26 karamele. Nëse nuk ju pëlqen mjalti në recetë, ai mund të zëvendësohet me hurma. Grini disa hurma për shije në blender dhe shtoni në recetë në vend të mjaltit.
6. Ruani këto karamele të shijshme pa sheqer në frigorifer!
7. Të bëftë mirë!

60. Hurma të papërpunuara dhe ëmbëlsira me banane

Produktet e nevojshme

- Arra - 45 g
- Bollgur - 30 g
- Hurmat - 50 g
- Charlatan - 1 lugë gjelle.
- Banane - 1 pc.
- nga brirët - 10 g
- kanellë
- Kokosi i tharë - 1 qese

Mënyra e Përgatitjes

1. Gjithçka është e përzier.
2. Nga përzierja homogjene që rezulton për karamele dhe topa formohen.

3. Të gjitha ëmbëlsirat e papërpunuara me banane dhe hurma rrotullohen në arrë kokosi të tharë.

BABOMESET PROTEINALE

61. Topat e proteinave të kakaos

Produktet e nevojshme

- Proteina e hirrës - 2 lugë gjelle. në pluhur
- Kakao - 2 lugë gjelle.
- Hurma - 200 g, pa gropë
- Bajame - 85 g
- Vaj kokosi - 2 lugë gjelle.
- Ujë - 1 lugë gjelle.

Mënyra e Përgatitjes

1. Të gjithë përbërësit i vendosim në blender dhe i përziejmë për 2-3 minuta derisa të krijohet një masë homogjene.
2. Bëni karamele nga përzierja.

3. Topthat e proteinave të kakaos janë gati.

62. Topat e proteinave të kokosit

Produktet e nevojshme

- Pluhur i proteinës së hirrës - 2 lugë gjelle
- Qumësht kokosi - 1/2 filxhan
- Miell kokosi - 2 gota + për të rrotulluar

Mënyra e Përgatitjes

1. Hidhni në blender pluhurin e bardhë të vezës, qumështin e kokosit dhe miellin.
2. Përziejini për 1 minutë derisa të gjithë përbërësit të jenë përzier mirë.
3. Bëni ëmbëlsirat.
4. Rrotulloni topat e proteinave të kokosit në miell kokosi dhe keni mbaruar.

5. Topat e proteinave të kokosit janë të shijshëm!

63. Topat e proteinave të bajames

Produktet e nevojshme

- Pluhur i proteinës së hirrës - 2 lugë gjelle.
- Miell bajame - 1 filxhan
- Hurma - 200 g, pa gropë
- Vaj kokosi - 2 lugë gjelle.
- Ujë - 1 lugë gjelle, sipas nevojës

Mënyra e Përgatitjes

1. Hidhni pluhurin e hirrës, miellin e bajameve në blender ose nëse nuk keni miell bajame,

merrni bajame të papërpunuara dhe grijini ato, hurmat, vajin e kokosit.

2. Përziejini për 2-3 minuta. Bëni karamele nga përzierja.
3. Topthat e proteinave të bajameve janë gati.

64. Topat e proteinave të kokosit

Produktet e nevojshme

- Pluhur i proteinës së hirrës - 2 lugë gjelle
- Qumësht kokosi - 1/2 filxhan
- Miell kokosi - 2 gota + për të rrotulluar

Mënyra e Përgatitjes

1. Hidhni në blender pluhurin e bardhë të vezës, qumështin e kokosit dhe miellin.
2. Përziejini për 1 minutë derisa të gjithë përbërësit të jenë përzier mirë.

3. Bëni ëmbëlsirat.
4. Rrotulloni topat e proteinave të kokosit në miell kokosi dhe keni mbaruar.
5. Topat e proteinave të kokosit janë të shijshëm!

65. Pika të thjeshta proteinash

Produktet e nevojshme

- Vaj bajame - 2 lugë gjelle. Natyrisht
- Proteina - 30 g sipas dëshirës tuaj (vanilje, çokollatë)
- Kokosi i tharë - 2 lugë gjelle. pa sheqer + 1 lugë gjelle. të rrokulliset
- kanellë

- Lëng molle - 2 lugë gjelle. i pa ëmbëlsuar
- Kakao - 1 lugë gjelle.
- Bajame - 1 / 2.k.ch. i grimcuar
- Arra - qëllime dekorative
- Vaj kokosi

Mënyra e Përgatitjes

1. Përziejini të gjithë përbërësit pa kanellë dhe 1 lugë gjelle. Kokosi i grirë dhe përzihet mirë.
2. Me ndihmën e duarve të lyera me vaj kokosi formojmë toptha.
3. Pasi t'i kemi dhënë formë, i rrotullojmë në një përzierje kokosi të tharë dhe kanellë.
4. Dekoroni pjesën e sipërme të pulës me arra të plota.
5. I vendosim ëmbëlsirat në frigorifer për 30 minuta.
6. Karamelet e thjeshta proteinike janë gati.

66. Karamele të lehta proteinike

Produktet e nevojshme

- vaj bajame - 2 lugë gjelle. natyrshëm
- proteina - 30 g sipas dëshirës tuaj (vanilje, çokollatë)
- ashkël kokosi - 2 lugë gjelle. pa sheqer + 1 lugë gjelle. për rrotullim
- kanellë
- lëng molle - 2 lugë gjelle. i pa ëmbëlsuar
- kakao - 1 lugë gjelle.
- bajame - 1 / 2.k.ch. i grimcuar
- arra - qëllime për dekorim
- vaj kokosi

Mënyra e Përgatitjes

1. Përziejini të gjithë përbërësit pa kanellë dhe 1 lugë gjelle. copa kokosi dhe përziejini mirë.

2. Formojmë toptha me ndihmën e duarve të lyera me vaj kokosi.
3. Pasi t'i kemi dhënë formë, i rrotullojmë në një përzierje të rrudhave të kokosit dhe kanellës.
4. Sipër dekorojini pulat me arra të plota.
5. I vendosim ëmbëlsirat në frigorifer për 30 minuta.
6. Karamelet Easy Protein janë gati.

67. Karamele proteinike me hurma

Produktet e nevojshme

- nga brirët - 1 lugë gjelle
- Arra - 50 g
- Cornflakes - 2 grushte
- Hurmat - 5 - 6 copë.
- Proteina - 1 lugë gjelle. në pluhur
- Ujë - 50 ml
- Kokosi i tharë - për t'u rrotulluar

Mënyra e Përgatitjes

1. Grini arrat dhe corn flakes dhe vendosini në një tas.
2. Shtoni miellin rozhkov, pluhur proteinash dhe hurma të grira hollë.

3. Shtoni ujin dhe përziejini mirë. I jepni formë ëmbëlsirave proteinike në madhësinë e një arre dhe i rrotulloni në arrë kokosi të tharë dhe mundësisht kakao.
4. I lëmë ëmbëlsirat të qëndrojnë pak në frigorifer.
5. Argëtohuni me këto ëmbëlsira proteinike me hurma!

68. Ëmbëlsirat proteinike me tërshërë

Produktet e nevojshme

- Bollgur - 1 lugë.
- Mjaltë - 1 lugë gjelle. lëng
- Hurmat - 6 gropa
- Susam - të rrokulliset

Mënyra e Përgatitjes

1. Hidhini të gjithë përbërësit në blender pa farat e susamit.
2. Përziejini derisa të formohet një brumë ngjitës.
3. Pasi të keni hequr përzierjen dhe duke përdorur duart, formoni karamele proteinike në madhësinë e një arre.

4. Pasi të keni përfunduar, rrotulloni farat e susamit.
5. Rregullojini në një pjatë dhe lërini të ftohen për të paktën një orë, më pas shërbejini ëmbëlsirat proteinike me tërshërë.

69. Karamele proteinike shtëpiake me arra

Produktet e nevojshme

- hurma - 2 pa duar me gropë
- tahini susam - 2 lugë gjelle.
- kakao - 1 lugë gjelle.
- mjaltë - 2 lugë gjelle.
- oriz - 2 lugë gjelle. proteina
- vaj kokosi - 2 lugë gjelle.
- bajame - 1 grusht bluar
- lajthi - 1 grusht bluar

Për Rolling

- arra - 4 lugë gjelle. terren
- farat e susamit - 2 lugë gjelle.
- farat e kërpit - 3 lugë gjelle.

Mënyra e Përgatitjes

1. Kaloni në një blender hurmat, bajamet dhe lajthitë.
2. Shtoni tahinin e susamit, mjaltin, vajin e kokosit (i shkrirë), kakaon dhe proteinën e orizit.
3. Nga përzierja që rezulton ju bëni karamele.
4. Ndani copat në tre dhe rrokullisni karamele proteinike të bëra në shtëpi me arra në tre llojet e arrave dhe farave: arra të bluara, susam dhe fara kërpi.

70. Ëmbëlsirat me proteina të kokosit dhe bananes

Produktet e nevojshme

- Bajame - 100 g
- Hurmat - 100 g
- Banane - 1/2 copë.
- Gjalpë kikiriku - 2 lugë gjelle.
- Vanilje - 1 pc.
- Sol
- të cilit - 15 g (opsionale)
- Kokosi i tharë - 2 lugë gjelle.

Mënyra e Përgatitjes

1. Grihen bajamet dhe hurmat (me gropa). Ajo bëhet një bukë ngjitëse si bazë për cheesecake. Hidheni në një pjatë të sheshtë

ose tigan të vogël dhe shtypni me duar për të formuar një fund të hollë.

2. Grini bananen me gjalpë kikiriku, kokos të tharë dhe kokos të tharë. Shtoni një pako vanilje dhe një majë kripë deti. Përhapeni në tepsi me bajame. Vendoseni në frigorifer për 20-25 minuta.

3. E nxjerrim për prerje. Spërkateni me arrë kokosi të tharë dhe vendoseni në frigorifer për një kohë të gjatë. I rrëshqisim ëmbëlsirat në frigorifer dhe i shijojmë të ftohta.

4. Nga këto përmasa përftohen 20 mini karamele.

Karamele të papërpunuara

71. Karamele të papërpunuara për diabetikët

Produktet e nevojshme

- Hurma - 300 gram pa gropë
- Kokosi i tharë
- Rrush i thatë - 200 g
- Kumbulla të thata - 150 g (pa gropë)
- Kakao - sigurisht
- Rum - 1 lugë

Mënyra e Përgatitjes

1. Pritini kumbullat dhe hurmat. Shtoni rrushin e thatë dhe vendosni gjithçka në një

blender. Bëjeni pure derisa të krijohet një përzierje ngjitëse.
2. Transferoni në një tas dhe derdhni rumin mbi të.
3. Mbulojeni enën me film ushqimor dhe vendoseni në frigorifer për rreth 30 minuta.
4. Nga masa e ftohur formoni karamele dhe i rrotulloni në kakao të tharë ose kokos.
5. Vendosni çdo karamele në një kapsulë letre. Mbajeni në një vend të freskët.
6. Karamelet e papërpunuara për diabetikët janë gati.

72. Karamele të papërpunuara me banane dhe hurma

Produktet e nevojshme

- Banane - 1 pc.
- Bollgur - 1 lugë.
- Datat - 7 - 8
- Vaj kokosi - 1 lugë gjelle.
- nga brirët - 2 lugë
- Kanellë - 1 lugë.
- Kokosi i tharë

Mënyra e Përgatitjes

1. Përziejini dhe bëni pure të gjitha produktet në një blender.

2. Formoni topa dhe rrotulloni ato në kokos të tharë.
3. I lëmë ëmbëlsirat në frigorifer për disa orë të qëndrojnë.
4. Karamelet e papërpunuara me banane dhe hurma janë gati.

73. Karamele të papërpunuara me banane dhe hurma

Produktet e nevojshme

- banane - 1 pc.
- bollgur - 1 lugë.
- datat - 7-8
- vaj kokosi - 1 lugë gjelle
- miell karobi - 2 lugë.
- kanellë - 1 lugë çaji
- ashkël kokosi

Metoda e përgatitjes

1. Përziejini të gjitha produktet në një blender dhe përziejini.
2. Formoni topa dhe i rrotulloni në arra kokosi.

3. I lëmë karamelet në frigorifer për disa orë që të qëndrojnë.
4. Karamelet e papërpunuara me banane dhe hurma janë gati.

74. Karamele frutash të papërpunuara

Produktet e nevojshme

- Bajame - 50 g
- Qull - 50 g
- manaferra të ngrira - 80 g (mund të përdorni luleshtrydhe, mjedra ose çdo frut tjetër sipas dëshirës tuaj)
- Lingonberries - 20 g të thata
- Vaj kokosi - 20 g
- Stevia - ose ëmbëlsues të tjerë për shije

Mënyra e Përgatitjes

1. Fillimisht bëni pure arrat në një blender dhe vendosini në një tas.
2. Më pas përziejmë manaferrat dhe boronica dhe i shtojmë.
3. Shtoni gjalpin dhe ëmbëltuesin dhe përziejini mirë.
4. Lëreni përzierjen të marrë rreth 30-40 minuta për të vendosur diçka.
5. Më pas nxirreni dhe formoni në formë karamele të papërpunuara të dobishme.
6. Lërini të forcohen në frigorifer edhe për disa orë.
7. Kur ëmbëlsirat e frutave të papërpunuara të jenë gati, mund t'i dekoroni dhe t'i shërbeni me produkte sipas dëshirës tuaj.

75. Topa të ëmbla të papërpunuara me vaj kokosi dhe arra

Produktet e nevojshme

- kaçamak - ¼ h.ch. Bollgur i imët
- Vaj kokosi - 1 lugë gjelle.
- çokollatë e zezë - 1 rresht
- kanellë - 1 majë
- Brirët - 3 lugë.
- sheqer kafe - 6 lugë gjelle. njëjtë
- Biskota - 2 copë për t'u trashur
- Vanilje - 2 pika lëng
- Kokrrat e kakaos - 3 majë (të grimcuara)
- Ujë - 2/3 lugë.
- Arra - ½ hh Arra dhe lajthi për t'u rrotulluar

Mënyra e Përgatitjes

1. Ziejeni qullin dhe e ëmbëlsoni me ujë me sheqer kaf.
2. E trazojmë fuqishëm – pa ndërprerje me një mikser brumi derisa të thithë ujin.
3. Hiqeni tiganin nga zjarri dhe shtoni vaj kokosi dhe çokollatë të zezë të grirë imët për t'u shkrirë në tulin e ngrohtë.
4. E rregullojmë përzierjen me vanilje të lëngshme dhe e ngjyrosim në copa me karobë, kanellë dhe kokrra kakao.
5. Trasni me biskota të grira hollë dhe përdorni brumin që rezulton për të formuar toptha të vegjël që rrotullohen në arra të grira imët sipas dëshirës tuaj (në këtë rast - arra dhe lajthi).
6. Lehtë dhe shpejt për të bërë ëmbëlsirat vegane.
7. Topa të ëmbla të papërpunuara të dobishme dhe të shijshme me vaj kokosi dhe arra.

76. Karamele me kikirikë të papërpunuar me gjizë

Produktet e nevojshme

- Arra - 100 g përzierje të papërpunuara (kikirikë, bajame, arra shqeme) dhe rrush të thatë
- Gjizë - 100 g ëmbëlsira (ose natyrale)
- Gjalpë kikiriku - 35 g me copa kikiriku
- Stevia - ose ndonjë ëmbëlsues tjetër sipas zgjedhjes suaj
- Kikirikë - (ose arra të tjera) për t'u rrotulluar

Mënyra e Përgatitjes

1. Grini përzierjen e arrave dhe rrushit të thatë në një blender për këto karamele të papërpunuara.
2. Hidheni në një tas dhe shtoni produktet e mbetura.
3. Përziejini mirë dhe masën që rezulton në formë karamele.
4. Rrotulloni kikirikët e grirë paraprakisht dhe lërini ëmbëlsirat e papërpunuara të kikirikut

me gjizë të pushojnë në frigorifer për disa orë.

77. Tartufi festiv i papërpunuar vegan

Produktet e nevojshme

- Qull - 200 g i trashë
- hurma të thata - pa kokrra 200 g
- Vaj kokosi - 2 lugë gjelle.
- Bollgur - 2 lugë gjelle. mirë
- Kakao - 2 lugë gjelle.

Për dekorim

- Lajthi - të plota
- kakao
- Shifrat e sheqerit - minierat

Mënyra e Përgatitjes

1. Hidhini të gjitha produktet në një blender dhe rrihni derisa të përftohet një masë homogjene. Në humorin tim ndonjëherë shtoj

tahini susami ose shurup agave, gjithmonë mund të rrisni ose ulni sasinë e një përbërësi bazuar në preferencat tuaja.
2. Kur përzierja të jetë gati, më së miri është ta vendosni në frigorifer për rreth gjysmë ore që të shtrëngohet pak masa e karameleve – kjo e bën më të lehtë formësimin e ëmbëlsirave me duar.
3. Ndërkohë përgatisni dekorimin.
4. Kur masa të jetë e fortë, formoni karamele të papërpunuara. Vendosni një lajthi të plotë në secilën karamele dhe mbështilleni në kakao. Sipër mund të vendosni një mini figurë sheqeri, në këtë rast janë bërë shumë të ëmbla me flutura sheqeri shumëngjyrëshe – kjo kënaqësi e mrekullueshme për shqisat është gati!
1. Tartufi festiv i papërpunuar vegan janë shumë të lehtë për t'u përgatitur dhe për të bërë dhurata ose trajtime të shkëlqyera në raste të veçanta.

78. Hurma të papërpunuara dhe ëmbëlsirat me banane

Produktet e nevojshme

- Arra - 45 g
- Bollgur - 30 g
- Hurmat - 50 g
- charlan - 1 lugë gjelle.
- Banane - 1 pc.
- nga brirët - 10 g
- kanellë
- Kokosi i tharë - 1 qese

Mënyra e Përgatitjes

1. Gjithçka është e përzier.
2. Nga përzierja homogjene që rezulton për karamele dhe topa formohen.

3. Të gjitha ëmbëlsirat e papërpunuara me banane dhe hurma rrotullohen në arrë kokosi të tharë.

79. Karamele me energji të papërpunuar me tahini

Produktet e nevojshme

- Bajame - të bluara 200 g
- Tahini lajthie - 1 - 2 lugë gjelle.
- Fasule kakao - 1 lugë gjelle. copëtuar + për të rrotulluar
- Datat - 7 copë.
- Mjaltë - 1 lugë gjelle.
- Kokosi i tharë - për t'u rrotulluar
- fit - rrotull
- Kakao - të rrokulliset
- Esenca - rum për shije

Mënyra e Përgatitjes

1. Grini fillimisht bajamet në blender. Marrim një tas në të cilin hedhim bajamet, hurmat e grira hollë, kokrrat e kakaos të grimcuara, tahinin e lajthisë, një lugë mjaltë dhe esencën e rumit.
2. Përdoreni përzierjen për të formuar karamele të madhësisë së dëshiruar. Përzierjen e përzieni me dorë, kur të thahet shtoni më shumë tahini.
3. Përgatisim tre kastraveca, në secilin prej tyre vendosim përbërësit për t'u rrotulluar - në një kokos të tharë, në të dytin kakao dhe në të tretën kokos të tharë të përzier me 10 gr shkrepës.
4. Matcha është një lloj çaji jeshil. Ky është një lloj pluhuri çaji, gjethet e të cilit bluhen në pluhur. Matcha është një pije shumë e njohur që klasifikohet si superushqim – me veti të veçanta.
5. Pluhuri jeshil forcon sistemin imunitar, jep energji, stabilizon nivelin e kolesterolit në gjak, përshpejton metabolizmin, ngadalëson procesin e plakjes.
6. Nëse jeni pas kanellës, mund ta zëvendësoni shkopin e shkrepses me kanellë për këto karamele të dobishme.

7. Nga masa formojmë toptha dhe nga tasat i rrotullojmë karamele me përbërësit.
8. Rregulloni në një pjatë dhe shërbejeni. Këto karamele me energji tahini të papërpunuara kanë një jetëgjatësi të gjatë.
9. Kënaquni!

80. Karamele të papërpunuara me hurma dhe tahini susami

Produktet e nevojshme

- Hurma - 200 g pa kocka
- Kikirikë - 70 g të pjekura, të qëruara
- Farat e kungullit - 40 g të qëruara, të papërpunuara ose të pjekura
- Tahini i susamit - 2 lugë gjelle.
- Kokosi i tharë - për t'u rrotulluar

- Kakao - Natyrale, e bluar (për t'u rrotulluar)

Mënyra e Përgatitjes

1. Kur hurmat tuaja të jenë më të thata, zhyteni në ujë për 2 orë, më pas kullojini dhe thani. Nëse janë të buta, anashkaloni këtë procedurë.
2. Vendosni kikirikët dhe hurmat në tasin e një blenderi ose procesori ushqimor dhe aktivizoni shpejtësinë e lartë të bluarjes për disa sekonda. Ata nuk duhet të bëhen një tul absolut, por në copa shumë të vogla, të ngjashme me thërrimet.
3. Transferoni në një tas dhe shtoni tahinin e susamit. Përziejini mirë derisa të krijohet një masë ngjitëse homogjene.
4. Formoni brumin e hurmës që rezulton në toptha dhe rrokullisni gjysmën në arrë kokosi të tharë, gjysmën tjetër në pluhur kakao.
5. I rregullojmë në një pjatë dhe i shërbejmë menjëherë ose i ruajmë ëmbëlsirat në një enë të mbyllur mirë në frigorifer.
6. Karamele të shkëlqyera, të shijshme dhe të shëndetshme, të përshtatshme për fëmijë dhe të rritur. Hani në çdo kohë ose në

shoqëri me një filxhan çaj aromatik ose kafe.
7. Argëtohu!

81. Ëmbëlsirat hurma të bëra në shtëpi dhe arra të papërpunuara

Produktet e nevojshme

- Hurmat - 200 g
- Qull - 50 g i trashë
- Bajame - 100 g të papërpunuara
- Kakao - 1 lugë
- Esenca - 2 - 3 pika rum
- Thelbi - 2 - 3 pika portokalli
- kanellë - 1 majë
- Çokollatë - 100 g
- Kokosi i tharë - 200 g

Mënyra e Përgatitjes

1. Hidhni hurmat me kocka, kakaon, çokollatën, arrat, kanellën dhe të dyja esencat në një blender dhe grijini derisa të bëhet ngjitëse.

2. Ftoheni për 30-40 minuta. Formoni përzierjen në toptha dhe rrotullojini në kokos të tharë.
3. Ëmbëlsirat e gatshme i lëmë në një vend të freskët; ata nuk duhet të jenë në frigorifer.

82. Çokollatë e papërpunuar me gjalpë kokosi

Produktet e nevojshme

- Vaj kokosi - 1 lugë. i vogël (i papërpunuar)
- Kakao - 30 g pluhur natyral të papërpunuar
- nga brirët - 20 g
- Mjaltë - 1 lugë gjelle. bleta
- Vanilje - 1 pluhur
- arra
- Frutat e thata - sipas dëshirës

Mënyra e Përgatitjes

1. Hidhni vajin e kokosit në një tenxhere të vogël në sobë. E ndezim në temperaturë shumë të ulët. Vaji i kokosit bëhet i lëngshëm kur nxehet në 26 gradë.

2. Shtoni vaniljen, pluhurin e kakaos, çamçakëzin e karkalecit. Përziejini të gjithë përbërësit.
3. Hiqeni nga zjarri dhe shtoni mjaltin që të tretet.
4. Përgatisni kallëpe silikoni për çokollatë ose karamele dhe shpërndani masën e çokollatës.
5. Mund të shtoni arra të grimcuara, të bluara ose të plota sipas dëshirës. Frutat e thata - në copa ose, nëse janë të vogla, të plota.
6. Unë personalisht kam përdorur bajame të plota, lajthi dhe goji manaferrat. Zgjodha ta bëja në formë karamele me çokollatë për lehtësinë time.
7. E vendosim kallëpin në frigorifer për të paktën 5 orë që të forcohet.
8. Nxirreni, hiqni formën dhe shijoni!
9. Sigurohuni që ta ruani në frigorifer.

83. Karamele të papërpunuara me dardha të thata dhe kanellë

Produktet e nevojshme

- dardha të thata - 1 lugë.
- Bollgur - 1 lugë.
- Portokall - lëng dhe lëvore e 1/2 portokallit
- Kanellë - 2 lugë.
- Vaj kokosi - 2 lugë.
- Kokosi i tharë
- Lëkurë portokalli

Mënyra e Përgatitjes

1. Përziejini të gjitha produktet në një blender.
2. Me duar formoni topa që i rrotulloni në lëkurën e kokosit dhe portokallit të tharë.

3. I vendosim ëmbëlsirat në frigorifer për disa orë që të qëndrojnë dhe më pas i shijojmë.

84. Karamele karrota të papërpunuara

Produktet e nevojshme

- Karota - 2 copë.
- Mjaltë - 2 lugë gjelle.
- Arra - 30 g të papërpunuara
- Bajame - 30 g të papërpunuara
- Qull - 30 g të papërpunuara
- Kokosi i tharë - për t'u rrotulluar

Mënyra e Përgatitjes

1. Grini karotat.
2. Grini arrat në blender dhe shtoni mjaltin. Grini edhe 2 minuta të tjera.
3. Shtojmë karotat e grira dhe i trazojmë me dorë.
4. Marrim pak nga masa dhe bëjmë toptha.

5. I rrotulloni në kokos të tharë.
6. Ne i përdorim ato menjëherë.

85. Karamele të papërpunuara vegane me fara liri

Produktet e nevojshme

- Arra - 1 lugë.
- Chia - 1/4 lugë.
- Fara liri - 1/4 lugë.
- Farat e kungullit - 1/3 lugë.
- nga brirët - 1 1/2 lugë
- Kakao - 1 1/2 lugë
- Kokosi i tharë - 1/4 lugë.
- Rrush i thatë - 2 lugë gjelle.
- Hurmat - 15 copë.

- Vaj kokosi - 2 lugë gjelle.
- Kakao të grira dhe kokos për rrotullim

Mënyra e Përgatitjes

1. Hurmat i pastrojmë nga gurët. Të gjitha produktet përzihen së bashku me format e pastruara në një përpunues ushqimi ose grirëse dhe bluhen derisa të përftohet një përzierje homogjene.
2. I formojmë karamele në formë topthash, të cilët rrotullohen në miell kokosi të tharë, kakao ose karobë.
3. Lini karamele në frigorifer për një orë para se t'i shërbeni.

86. Topa çokollatë të papërpunuara me arra dhe hurma

Produktet e nevojshme

- Hurmat - 20 copë.
- Arra - 1 grusht
- Kikirikë - 1/2 grusht rosto
- Çokollatë e zezë - 15-20 g (70%)
- Kakao - 1 lugë gjelle.
- Vaj kokosi - 1 lugë gjelle.

Mënyra e Përgatitjes

1. Pritini gjithçka në një helikopter, formoni topa dhe ruajeni në frigorifer!

87. Karamele të papërpunuara me kakao

Produktet e nevojshme

- Rrush të thatë
- pije me çokollatë
- Biskota - me kakao
- Kafene - 3 në 1
- arra
- Bananet
- Kokosi i tharë
- kakao

Mënyra e Përgatitjes

1. Rrushi i thatë qëndron në liker për 5-6 orë. Pritini me një blender.

2. Shtojme arrat e shtypura, bananen e grire, pak kafe, perziejme te gjitha bashke dhe grijme biskotat derisa te perftohet nje mase me e trashe (me te njejtin sukses mund ti grini te gjitha ne blender).
3. Përzieni kokosin e tharë me kakaon në një tas të cekët dhe më pas rrotulloni në të topat në formë dore të masës së përgatitur.

88. Çokollata të papërpunuara

Produktet e nevojshme

- lëvore portokalli - lëvozhgë e grirë e 1/2 portokalli
- vaj kokosi - 1 lugë gjelle.
- sheqer kokosi - 1 lugë gjelle.
- ashkël kokosi - 2 lugë gjelle.
- gjalpë kakao - 2 lugë gjelle. (me presion të ftohtë)
- fasule kakao - 4 lugë gjelle. i bluar imët i papërpunuar

Mënyra e Përgatitjes

1. Shkrini kakaon dhe vajin e kokosit në një banjë me ujë dhe prisni që të lëngzohen pak.

2. Më pas shtoj lëvozhgën e portokallit, kokrrat e kakaos dhe sheqerin e kokosit.
3. I trazojme derisa te perftoj nje mase homogjene dhe e heqim nga banja me uje.
4. Hidheni në kallëpe dhe lëreni në frigorifer për 2 orë.
5. I spërkas me rroje kokosi sipër.

89. Ëmbëlsirat e papërpunuara vegane

Produktet e nevojshme

- Frutat e thata - opsionale (p.sh., rrush i thatë, qershi, etj.)
- Arra - të bluara
- Biskota - të zakonshme
- Miell karobi - ose kakao
- Tallashi i tërshërës
- Kokosi i tharë
- Rum - ose alkool tjetër sipas zgjedhjes suaj

Mënyra e Përgatitjes

1. Frutat e thata zhyten në alkool për rreth 6 orë dhe më pas hidhen në një blender.

2. Biskota të grimcuara, arra, thekon tërshërë, çamçakëz karkalecash - të gjitha bien në sy dhe çahen.
3. Nga masa e përgatitur bëhen topa, të cilët rrotullohen në kokos të tharë. Nëse dëshironi, mund të vendosni një arrë në të.

90. Karamele të papërpunuara vegane me manaferrat goji

Produktet e nevojshme

- goji berry - 50 g
- Kastrati - 30 g të thata
- hurma - 50 g të pakocka
- farat e kungujve - 50 g të papërpunuara
- bajame - 50 g të papërpunuara të qëruara
- mjaltë - 40 g
- ujë - 1 - 2 lugë, nëse është e nevojshme
- kakao - susam i papërpunuar dhe/ose ashkël kokosi për rrotullim

Mënyra e Përgatitjes

1. Të gjitha produktet përzihen në një përpunues ushqimi. Kullojeni derisa të

formohet një masë ngjitëse. Nëse përzierja është shumë e thatë, shtoni 1-2 lugë ujë.
2. Nga brumi formohen topa. Ovalizoni në susam, kakao ose kokos. Ruani në një kuti në frigorifer.

91. Çokollata të papërpunuara me kokos dhe fara susami

Produktet e nevojshme

- Farat e susamit - 80 g të papërpunuara
- Kokos - 40 g arrë kokosi të tharë
- Kakao - 25 g pluhur të papërpunuar
- Shurup agave - 80 g
- Vaj kokosi - 50 g (në temperaturën e dhomës)
- kanellë

Mënyra e Përgatitjes

1. Të gjitha produktet përzihen dhe trazohen me pirun derisa të fitohet një masë homogjene.

2. Brumi formohet në një drejtkëndësh të vogël përafërsisht. 12 × 14 cm në letër pjekjeje.
3. Për ruajtje të freskët në një kuti ose mbulojeni me folie dhe lëreni të pushojë për disa orë në frigorifer derisa të forcohet. Kur të jetë e fortë, priteni në katrorë.

KËMBLETA PA SHEQER

92. Ëmbëlsirat vegane me hurma dhe qull

Produktet e nevojshme

- Hurmat - 150 g, mund të zhyten në ujë të nxehtë
- Qull - 50 g, i papërpunuar
- Bajame - 50 g, të papërpunuara
- Miell karobi - 4 lugë gjelle.
- Vaj kokosi - 4 lugë.
- Stevia - për shije, ndoshta pa
- Kokosi i tharë - 2 lugë gjelle.
- Kokosi i tharë - 4 lugë gjelle. të rrokulliset

Mënyra e Përgatitjes

1. Në një procesor ushqimi, fillimisht grini arrat, më pas shtoni përbërësit e tjerë - hurmat, gjalpin, tallashin, miellin e karobit.
2. Stevia mund të shtohet nëse dëshironi.
3. Masa është e trashë dhe ngjitëse, formohen topa, karamele vegane rrotullohen në arrë kokosi të tharë.
4. Kthejeni në frigorifer për të vendosur.
5. Karamelet vegane me hurma dhe arra shqeme janë vërtet të shijshme.

93.Bamele të shëndetshme të bëra vetë me gështenja

Produktet e nevojshme

- Gështenja - rreth 350 g
- Hurmat - 200 g
- Rrush i thatë - 150 g i zi
- Vaj kokosi
- Corn flakes - përafërsisht. 150 g
- Kakao - të rrokulliset
- Farat e kërpit - të qëruara, për t'u rrotulluar

Mënyra e Përgatitjes

1. Gështenja të ziera (të pastruara nga brenda pa thekon) përafërsisht. 300-350 g, të zhytura në ujë për 1 ditë me përafërsisht. 200 gr hurma (të papastër) dhe 150 g rrush të zi (dhe të bardhë).
2. Do t'ju duhet gjithashtu pak vaj liri ose vaj kokosi, corn flakes (pa sheqer), përafërsisht. 150 g.
3. I grij thekonet ne blender. Më pas i ktheva në blender hurmat dhe rrushin e thatë së bashku me ujin.
4. Shtova gjithashtu yndyrën time të preferuar (jo shumë). Gatuaj diçka si brumë, nëse është e vështirë shtoj edhe pak ujë.
5. E lë në frigorifer. Pas 4 orësh i jap formë karameleve të bëra vetë.
6. Më pas hedh gjysmën e karamele vegane në kakao dhe gjysmën e të tjerave në farat e kërpit të qëruara dhe ju merrni karamele të shijshme të shëndetshme të bëra në shtëpi me gështenja.

94. Festa me bajame me çokollatë

Produktet e nevojshme

- Bajame - 200 g të papërpunuara
- Kakao - 3 lugë gjelle.
- Çokollatë - 100 g natyrale

Mënyra e Përgatitjes

1. Lagni bajamet në ujë të ngrohtë në mënyrë që të fryhen.
2. Qëroni dhe grijeni një kungull dhe shtrydhni lëngun.
3. Lëreni të thahet për 30 minuta në 100°C.
4. Shkrini çokollatën në një kazan të dyfishtë.
5. Zhytni bajamet në të dhe në fund i mbështillni në kakao.

6. Lini ëmbëlsirat e bëra vetë në tepsi dhe shërbejini mysafirëve tuaj.
7. Bajamet me çokollatë janë të shijshme.

95. Karamele të papërpunuara për diabetikët

Produktet e nevojshme

- Hurma - 300 gram pa gropë
- Kokosi i tharë
- Rrush i thatë - 200 g
- Kumbulla të thata - 150 g (pa gropë)
- Kakao - sigurisht
- Rum - 1 lugë

Mënyra e Përgatitjes

1. Pritini kumbullat dhe hurmat. Shtoni rrushin e thatë dhe vendosni gjithçka në një blender. Bëjeni pure derisa të krijohet një përzierje ngjitëse.
2. Transferoni në një tas dhe derdhni rumin mbi të.

3. Mbulojeni enën me film ushqimor dhe vendoseni në frigorifer për rreth 30 minuta.
4. Nga masa e ftohur formoni karamele dhe i rrotulloni në kakao të tharë ose kokos.
5. Vendosni çdo karamele në një kapsulë letre. Mbajeni në një vend të freskët.
6. Karamelet e papërpunuara për diabetikët janë gati.

96. Topa kokosi me çokollatë

Produktet e nevojshme

- Miell kokosi - 200 g
- Qumësht i kondensuar - 150 g
- çokollatë e zezë - 200 g
- Kripë - sipas nevojës

Mënyra e Përgatitjes

1. Hidhni miellin e kokosit në një enë më të thellë, shtoni qumështin e kondensuar dhe pak kripë dhe përzieni mirë.
2. Lëreni përzierjen në frigorifer për 1 orë. Formoni përzierjen në toptha.

3. Shkrini çokollatën në avull. Shponi topat me një kruese dhëmbësh dhe më pas zhytni secilin në çokollatë.
4. Ëmbëlsirat e kokosit i rregullojmë në kosha letre dhe i spërkasim me pak miell kokosi.
5. Lërini topat e çokollatës dhe kokosit të ftohen përpara se t'i shërbeni.

97. Karamele me çokollatë me kikirikë

Produktet e nevojshme

- kikirikë - 200 g të bluara
- farat e susamit - 150 g bluar
- kokos - 40 g
- mjaltë - lugë gjelle.
- çokollatë e zezë - 150 g
- çokollatë me qumësht - 50 g

Mënyra e Përgatitjes

1. Përzieni kikirikët e bluar, susamin e bluar dhe miellin e kokosit dhe gatuajeni me duar.
2. Hidhni mjaltin dhe vazhdoni të gatuani me duar.

3. Përzierjen e ndajmë në disa toptha dhe i shtrijmë dhe formojmë fitila të barabarta.
4. Shkrini çokollatën dhe hidheni sipër shkopinjve. Lëreni të qëndrojë për 15 minuta.
5. Shkrini çokollatën me qumësht dhe zbukurojeni mbi çokollatën e zezë duke e hedhur në një qese të vogël plastike, prisni lehtë njërin skaj dhe merrni një lloj qeseje.
6. Pasi të forcohen, prisni çokollatat e shijshme.
7. Këto çokollata me kikirikë janë perfekte për çdo rast.

98. Tartufi çokollatë me shije rumi

Produktet e nevojshme

- Çokollatë e zezë - 400 g grimcuar
- Krem ëmbëlsirash - 200 ml për rrahje
- Kakao - rreth 40 g
- Rum - 1 lugë gjelle. ose esencë rumi
- Kafe e menjëhershme - 1/2 lugë.

Mënyra e Përgatitjes

1. Derdhni kremin në gatim derisa të krijohen flluska në muret e enëve (mos lejoni të ziejë plotësisht).
2. Në një enë të thellë hidhni çokollatën e grimcuar, kafenë dhe rumin. Hidhni sipër kremin e nxehtë dhe lëreni të qëndrojë për disa minuta, më pas përzieni derisa të

përftoni një masë homogjene dhe me shkëlqim.
3. Lëreni të forcohet në frigorifer (të paktën 2 orë), më pas i jepni formë me duar karamele në madhësinë e arrës dhe i rrotulloni në kakao.
4. Ruajeni në frigorifer.
5. Tartufi i çokollatës me shije rumi është shumë i suksesshëm.

99. Karamele portokalli me kokos

Produktet e nevojshme

- Lëng portokalli - 400 ml
- Niseshte misri - 50 g
- Kokos - 100 g

Mënyra e Përgatitjes

1. Shtrydhim 5 portokall dhe lëngut i shtojmë sheqer dhe niseshte.
2. I trazojmë mirë në zjarr të ulët derisa masa të marrë konsistencën e pudingut.
3. Lyejini kallëpet me vaj, derdhni masën në to. Prisni 2-3 orë që të ftohet.
4. Rrotulloni karamele të përfunduar në miell kokosi.

5. Karamelet me portokall dhe kokos janë gati.

100. Donuts çokollatë me perla probiotike

Produktet e nevojshme

- Lajthi - 80 g
- Hurmat - 80 g
- Kakao - 15 g
- Vaj kokosi - 15 g
- Çokollatë - 20 g + më shumë për të dekoruar
- perlat probiotike - 10 g

Mënyra e Përgatitjes

1. Bëjmë pure lajthitë dhe më pas hurmat.
2. Shkrini çokollatën në një kazan të dyfishtë.
3. Përziejini të gjitha produktet pa perla në një tas plastik dhe përziejini mirë.

4. Formoni përzierjen që rezulton në formë donutësh duke bërë një vrimë në qendër me një kashtë.
5. Dekorojeni me çokollatën dhe perlat e mbetura dhe lërini në frigorifer ose frigorifer donutët me çokollatë me perla probiotike.

PËRFUNDIM

Karamelet dhe ëmbëlsirat e bëra në shtëpi janë ide të shkëlqyera dhuratash me kosto të ulët. Fëmijëve u pëlqen të ndihmojnë me këto receta, në mënyrë që të kaloni kohë cilësore së bashku.

www.ingramcontent.com/pod-product-compliance
Lightning Source LLC
Chambersburg PA
CBHW050413120526
44590CB00015B/1944